KULTURWISSENSCHAFTLICHE ZEITSCHRIFT

Herausgegeben von der

Kulturwissenschaftlichen Gesellschaft

Heft 3/2024

FELIX MEINER VERLAG
HAMBURG

Bibliographische Information der Deutschen Nationalbibliothek

Die Deutsche Nationalbibliothek verzeichnet diese Publikation in der Deutschen Nationalbibliographie; detaillierte bibliographische Daten sind im Internet über ‹https://portal.dnb.de› abrufbar.

ISBN 978-3-7873-4979-1 · ISBN eBook 978-3-7873-4980-7
ISSN (Print) 2751-3106 · ISSN (eJournal) 2451-1765

Kontaktadresse nach EU-Produktsicherheitsverordnung:
Felix Meiner Verlag GmbH, Richardstraße 47, 22081 Hamburg
info@meiner.de

Felix Meiner Verlag Hamburg 2025
Druck: Libri Plureos GmbH, Norderstedt
Printed in Germany

Inhalt

Andreas Hetzel

Zwischen Verleugnung und Achtung: Biodiversität als kulturelles Phänomen

ABSTRACT: In my paper, I address biodiversity and the biodiversity crisis as cultural phenomena. The diversity of life is disappearing not only in our landscapes, but also in our languages, images and dreams. After a brief introduction to the concepts of biodiversity and biodiversity crisis, I point out the difficulties of envisioning biodiversity and the biodiversity crisis culturally. Drawing on Dipesh Chakrabarty and Jedediah Purdy, I show that and how these difficulties are further exacerbated today by an outright denialism about the biodiversity crisis. Right-wing populist movements in particular deny the dependence of all human life on other-than-human life. Following Chakrabarty, I conclude by pleading for an ethic of respect to be cultivated and anchored in our ways of life in response to this denialism.

KEYWORDS: biodiversity, biodiversity crisis, denialism, respect, Anthropocene, Dipesh Chakrabarty

Auch wenn sich die in der *Subcommission on Quaternary Stratigraphy* der *International Commission on Stratigraphy* vereinten Geolog:innen am 6. März 2024 darauf festgelegt haben, dass aus ihrer Sicht keine neue erdgeschichtliche Epoche ausgerufen werden kann, hat die Krisendiagnose, die sich mit dem Begriff des Anthropozäns seit mehr als zwei Jahrzehnten verbindet, nichts von ihrer Dringlichkeit verloren. Ganz im Gegenteil. Das Anthropozän findet statt, unabhängig davon, ob wir es anerkennen, leugnen oder verdrängen. Dass die moderne Menschheit mit dem Beginn des europäischen Expansionsprozesses, der Industrialisierung im 18. und 19. Jahrhundert sowie der großen Akzeleration seit den 50er Jahren des 20. Jahrhunderts zu einem immer bestimmenderen erdgeschichtlichen Faktor geworden ist, macht sich in einer zunehmenden Erosion der ökosystemaren Grundlagen allen Lebens geltend, die auch soziale und politische Katastrophen nach sich zieht.

Die dramatischste Veränderung, der sich unser Planet ausgesetzt sieht und in der alle anderen Umweltprobleme kulminieren, betrifft den Rückgang der Vielfalt des Lebens. Bereits Paul J. Crutzen, der den Anthropozän-Begriff popularisiert hat, weist in seinem im Jahr 2002 erschienen Aufsatz *Geology of Mankind* auf eine »strongly increasing species extinction« als wesentlichen Marker des Anthropozäns hin (Crutzen 2002: 23). Wie andere erdgeschichtliche Epochen wird sich das Anthropozän aus der von Crutzen antizipierten Perspektive zukünftiger Paläontolog:innen über die Grenzen von Gesteinsschichten definieren, in denen sich Fossilien von Artengruppen dokumentieren lassen, deren Entwicklungslinien plötzlich abbrechen. Die durch eine erdgeschichtlich bisher einmalige Vielfalt an Lebensformen (bzw. deren Fossilien) geprägte Schicht des Holozän wird dabei nicht durch Vulkan-Asche oder Asteroiden-Trümmer überlagert werden, sondern durch Zivilisationsmüll, durch Beton, Plastik, Aluminium und weitere Reste einer gewaltigen Technosphäre. Das Gewicht dieser Technosphäre, ohne deren Hilfe sich eine Weltbevölkerung von acht Milliarden Menschen nicht ernähren könnte, beträgt bereits heute 30 Billionen Tonnen (vgl. Steffens/Habekuß 2021: 60), das sind mehr als 50 Kilogramm pro Quadratmeter Erdoberfläche (vgl. Chakrabarty 2022: 18). »Die Technosphäre, all das, was wir Menschen gebaut und auf der Erde verteilt haben, von der Gizeh-Pyramide bis zum Nasenhaarschneider, wiegt inzwischen achtmal mehr als die Biosphäre, also das, was auf der Erde lebt, von der Mücke bis zum Elefanten.« (Steffens/Habekuß 2021: 60) Diese Technosphäre trennt uns nicht einfach nur von der Vielfalt des Lebens, sondern begräbt sie zunehmend unter sich.

Dass das Anthropozän für mehr steht als für ein Narrativ, lässt sich vor allem daran festmachen, dass die Vielfalt der biologischen Arten und die Komplexität der Interaktionsmuster, zu denen sich das Leben im Laufe seiner evolutionären Geschichte organisiert hat, unter der drückenden Last ressourcenintensiver menschlicher Lebensweisen prekär werden. Die planetarischen ökosystemaren Prozesse, die von Biodiversität getragen werden, nähern sich in irreversibler Weise kritischen Kipppunkten. Die Diagnosen, die sich mit dem »Anthropozän« und der »Biodiversitätskrise« verbinden, sind eng verschwistert, nicht zuletzt auch deshalb, weil beide Begriffe nicht einfach nur Zustände beschreiben, sondern eine normative Dimension enthalten. So fungiert das Anthropozän einerseits als erdgeschichtlicher Epochenbegriff; es markiert einen Zeitabschnitt, der auf das Holozän, eine lange und stabile Phase in der Geschichte des Lebens, die mit dem Ende der letzten Eiszeit einsetzt, folgt. Zugleich ist das Anthropozän aber, wie vor allem der indische Historiker Dipesh Chakrabarty betont, auch ein gesellschaftsgeschichtlicher und politischer Begriff (vgl. Chakrabarty 2009, 2022), der das Ende der Moderne als einer Epoche markiert, die von der Vorstellung unendlichen Fortschritts und unendlichen Wachstums geprägt war. Im Anthropozän beginnen wir schmerzhaft zu spüren, welchen Preis der vermeintliche Fortschritt hat. Statt eine neue Unendlichkeit des technisch und wirtschaftlich Möglichen zu gewinnen, werden wir uns der Vulnerabilität der Menschheit wie auch jenes anders-als-menschlichen Lebens inne, das uns hervorgebracht und zumindest bisher mitgetragen hat. Aldo Leopold sprach bereits in den 1940er Jahren von einer Vulnerabilität der Biosphäre, die er mit dem Begriff eines »biotischen Schmerzes« (Leopold 2019: 205) auf den Punkt brachte.

Die Fragen nach dem Anthropozän und der Biodiversitätskrise lassen sich nicht von den Fragen danach trennen, wie sie kulturell vergegenwärtigt oder verleugnet werden.

Im Anthropozän drückt sich nicht nur die zerstörerische Kraft der Technosphäre aus, sondern auch die Dominanz von Diskursen und Rechtfertigungsordnungen, von Haltungen, die strukturell der antiken *hybris* entsprechen, der Überheblichkeit, Selbstgefälligkeit und Indifferenz gegenüber Beziehungen. Diese Haltungen legitimieren eine zugleich expansivistische wie exktraktivistische gesellschaftliche Dynamik, die ausblendet, dass sich alle kulturellen und technischen Fortschritte in der Menschheitsgeschichte der Ausbeutung von in prinzipiell endlichen Kohlenstoffdepots gebundenen Energien verdanken, die wiederum auf die primäre Produktivität von Ökosystemen zurückgehen. So beutete die Menschheit nach ihrem Sesshaft-Werden zunächst die in Böden gebundenen Kohlenstoffe durch Ackerwirtschaft aus, dann den in Wäldern fixierten Kohlenstoff durch die Nutzung von Holz als Bau- und Brennmaterial, schließlich den in Kohle, Öl und Erdgas verdichteten fossilen Kohlenstoff durch die neuzeitlichen Industrien. Wir haben uns auf eine ressourcenintensive Lebensform festgelegt, die die Produktivität gegenwärtiger wie erdgeschichtlich früherer Ökosysteme nutzt, ohne die Depots je wieder füllen zu können. Zugleich verdrängen wir die Endlichkeit dieser Depots und externalisieren die Kosten ihrer Ausbeutung in einer Weise, die sich in einer globalen Umwelt-Ungerechtigkeit ausdrückt.

Chakrabarty belegt den Inbegriff der unsere Gesellschaften tragenden biotischen Prozesse mit dem Begriff des »Planetarischen«, das in seinem Denken als Gegeninstanz zum der Moderne verpflichteten »Globalen« fungiert (vgl. Chakrabarty 2022: 127ff.). Sich des Planetarischen innezuwerden, bedeutet aus seiner Sicht, dass wir uns unsere Abhängigkeit von einem uns vorausgehenden und uns tragenden, endlichen und vulnerablen Leben eingestehen. Für Chakrabarty müssen wir dabei zunächst lernen, dass wir unter Bedingungen des Anthropozäns Natur- und Gesellschaftsgeschichte nicht länger voneinander trennen können. Geschichtliche Prozesse wirken sich im Anthropozän auf naturgeschichtliche Prozesse aus, umgekehrt sieht sich die Geschichte der menschlichen Gesellschaften in eine geologische und evolutionäre Tiefenzeit eingebunden. In seinen *Tanner Lectures* aus dem Jahr 2015 beschreibt Chakrabarty das Anthropozän als ein »Eintauchen in eine Tiefenzeit [*falling into deep history*]: »Die Zeit der menschlichen Geschichte – das zeitliche Maß, in dem wir Geschichten von Individuen und Institutionen erzählen – kollidiert nun mit den Zeitmaßen zweier anderer Geschichten, die beide einer Tiefenzeit angehören, der Zeit der Evolution des Lebens auf dem Planeten und der geologischen Zeit.« (Chakrabarty 2015: 179)[1] Natur bildet nicht mehr einfach den »Hintergrund« der Gesellschaft; wir erkennen demgegenüber zunehmend, dass sich Vordergrund und Hintergrund bis zur Ununterscheidbarkeit durchdringen: »Wir sind ein Teil davon, denn wir tragen zum Verlust der biologischen Vielfalt bei, der zum sechsten großen Aussterbeereignis

---

1　Hier wie im Folgenden habe ich Zitate aus englischsprachigen Quellen selbst übersetzt, AH.

werden könnte, und sind gleichzeitig eine geophysikalische Kraft, die das Klima und die Geologie des Planeten für die nächsten Jahrtausende verändert.« (Chakrabarty 2015: 181)

Chakrabarty macht uns weiter darauf aufmerksam, dass sich in der Krise auch eine ethische Verpflichtung abzeichnet. Er nimmt hierzu den Begriff eines »Epochen-Bewusstseins« auf, den Karl Jaspers in den 1950er-Jahren angesichts der Drohung eines mit atomaren Waffen geführten dritten Weltkriegs vorgeschlagen hatte. Jaspers ging davon aus, dass die Folgen eines solchen Krieges alle Menschen gleichermaßen betreffen würden. Der nukleare Winter wäre in einem radikalen Sinn egalitär. Das Bewusstsein der Vulnerabilität aller Menschen könnte, so hoffte Jaspers, zum Erwachen eines neuen (Selbst-)Bewusstseins einer geeinten Menschheit führen. Diese Menschheit könnte sich angesichts der Erfahrung ihrer Vulnerabilität als Subjekt einer von allen geteilten Verantwortung neu konstituieren. Chakrabarty knüpft an diese Hoffnung an, erweitert sie aber über den »menschlichen Rand« (vgl. Derrida 2010: 57ff.) hinaus. Als vulnerabel erfahren wir uns unter anthropozänen Bedingungen nicht mehr nur selbst. Vulnerabilität wird von uns vielmehr als gemeinsames Signum allen Lebens erkannt. Das der Biodiversitätskrise korrespondierende Epochenbewusstsein wäre insofern das einer Menschheit, die sich als Bewahrerin, Hausverwalterin oder der Schöpfung neu erfinden und zugleich als gleichberechtigten Teil der Schöpfung begreifen würde.

Die Erfahrung der Endlichkeit und Prekarität allen Lebens, die wir an der Schwelle des Anthropozän machen, vergleicht Chakrabarty mit einem Schock: »Dieses Eindringen in die ›tiefe‹ Geschichte bringt einen gewissen Erkenntnis-Schock mit sich – die Erkenntnis der Einzigartigkeit des Planeten und seiner sehr komplexen räumlichen und zeitlichen Prozesse, von denen wir ungewollt ein Teil geworden sind.« (Chakrabarty 2015: 181) Er bezieht diesen »Schock« auf Walter Benjamins Hinweis, dass die unabgegoltenen Ansprüche und nicht ergriffenen Chancen vergangener Generationen, an die wir in unseren heutigen revolutionären Kämpfen anknüpfen könnten, nur »im Augenblick einer Gefahr aufblitzen« (Benjamin 1974: 695). In einem solchen »Augenblick der Gefahr« befinden wir uns jetzt. Diese Gefahr eröffnet uns eine Zukunft, die nur eine gemeinsame, konviviale Zukunft allen Lebens sein könnte. Das Anthropozän wäre dann gerade nicht die Chiffre dafür, dass sich der Mensch absolut gesetzt hat, sondern dafür, dass wir uns als Menschheit unserer gemeinsamen Abhängigkeit von nichtmenschlichem Leben bewusst werden. Wir hätten, wenn wir überhaupt eine Zukunft haben wollen, nur die Möglichkeit, diese Zukunft als geteilte Zukunft zu präfigurieren, geteilt von Menschen und nichtmenschlichen Lebewesen in der unendlichen Vielfalt ihrer Assoziationsformen:

Obwohl wir nicht nicht über menschliches Gedeihen und Fragen der Gerechtigkeit zwischen den Menschen nachdenken können, je weiter das gegenwärtige Jahrhundert voranschreitet, kann die Verfolgung dieser Fragen ohne Bezugnahme auf die Art und Weise, wie individuelle menschliche Körper auf diesem Planeten mit nichtmenschlichen – sowohl lebendigen als auch nichtlebendigen – Elementen zusammenhängen, letztendlich das menschliche Gedeihen selbst gefährden. (Chakrabarty 2022: 202)

In meinem Beitrag werde ich ausgehend von Chakrabartys Diagnosen der Frage nach dem kulturellen Ort der Biodiversität heute nachgehen. Dabei beleuchte ich in einem ersten Abschnitt, was Biodiversität ist und warum sich sowohl Biodiversität selbst wie die Biodiversitätskrise kulturell nur schwer vergegenwärtigen lassen (1). In einem zweiten Abschnitt werde ich, ausgehend von Chakrabarty und Jedediah Purdy, herausarbeiten, dass wir es heute oft nicht nur mit Schwierigkeiten der Vergegenwärtigung der Biodiversitätskrise zu tun haben, sondern mit einem regelrechten Denialismus, der dem Denialismus in Bezug auf den Klimawandel strukturell entspricht (2). Der dritte Abschnitt plädiert, wiederum im Ausgang von Chakrabarty, für eine Haltung der Achtung der Vielfalt des Lebens, die wir dem Denialismus entgegensetzen sollten (3).

1. Biodiversität und Biodiversitätskrise

In den späten 1960er-Jahren wurde der Begriff *biological diversity* von amerikanischen Naturschutzbiolog:innen geprägt, um mit ihm die gesamte Fülle eines zunehmend als bedroht erfahrenen Lebens zu beschreiben (vgl. Dasmann 1968: 3). Die Kurzform *biodiversity* erscheint dann erstmals prominent im Titel eines von Edward O. Wilson herausgegebenen Sammelbandes, welcher die Beiträge des *National Forum on Biological Diversity* aus dem Jahr 1986 wiedergibt (vgl. Wilson/Frances 1988).[2] Im Anschluss an Wilson, einem Ameisenspezialisten, der mit seiner Monographie *The Diversity of Life* (1992) erste Ergebnisse einer sich etablierenden Biodiversitätsforschung zusammengefasst hatte, wurde *biodiversity* als vierstufig definiert. Sie umfasst dann die Vielfalt von Arten, die genetische Vielfalt innerhalb einer einzelnen Art, die Vielfalt von Ökosystemtypen sowie die Muster der räumlichen Verteilung von Arten in Ökosystemen. In der neueren naturschutzbiologischen Forschung wird diesen vier Stufen noch eine fünfte, integrierende Stufe hinzuzufügen, eine »funktionale Biodiversität«, welche die Vielfalt der Interaktionen und der mit ihnen assoziierten Funktionen innerhalb eines Ökosystems abbildet (vgl. etwa Linsenmair 2000: 85).

Diese fünfte Stufe ist insofern wichtig, als sich in naturschutzbiologischen Studien abzeichnet, dass die meisten Aussterbeereignisse auf nur schwer mess- und beobachtbaren Störungen der Interaktionen zwischen Arten beruhen (vgl. Koh et

---

2   Zur Begriffsgeschichte vgl. Takacs 1996 und Streit 2007.

al. 2004; Schweiger et al. 2008; Cahill et al. 2012). So verschieben sich etwa durch die weltweite Klimaerwärmung die Vegetationsphasen von Pflanzen und die Entwicklungsphasen von mit ihnen assoziierten, oft hochspezialisierten Insekten in einer Weise, dass sie nicht mehr aufeinander abgestimmt sind. Ökolog:innen sprechen in diesem Zusammenhang von einem »*mismatch*« (vgl. Cushing 1990). Schweiger et al. haben einen solchen *mismatch* am Beispiel der Interaktion des monophagen Hochmoor-Perlmutterfalters (*Boloria titania*) mit der Futterpflanze seiner Larve, dem Schlangen-Knöterich (*Polygonum bistorta*), beschrieben und gezeigt, wie bereits durch eine geringfügige Klimaerwärmung die Synchronizität beider Arten soweit gestört wird, dass sich der Schmetterling nicht mehr erfolgreich entwickeln kann: »Diese Ergebnisse deuten stark darauf hin, dass der Klimawandel das Potenzial hat, die trophischen Interaktionen zu stören, da zusammen vorkommende Arten nicht unbedingt in ähnlicher Weise auf den globalen Wandel reagieren, was erhebliche Konsequenzen auf ökologischen und evolutionären Zeitskalen hat.« (Schweiger et al. 2008: 3472)

Biodiversität wurde von den Naturschutzbiolog:innen, die ihren Begriff eingeführt haben, von vornherein nicht nur als zu erforschendes Tatsachenfeld begriffen, sondern als intrinsisch wertvolles und zu bewahrendes Gut. In seinem klassischen Aufsatz *What is Conservation Biology?* aus dem Jahr 1985 stellt Michael E. Soulé mehrere normative Postulate auf, von denen er voraussetzt, dass die meisten Naturschutzaktivist:innen und Biolog:innen sie teilen. Zwei dieser Postulate lauten schlicht »*Vielfalt der Organismen ist gut*« (Soulé 2014: 40) und »*Biotische Vielfalt hat einen intrinsischen Wert.*« (Soulé 2014: 43) Einen intrinsischen Wert hat das Leben aus Soulés Sicht, weil es jedem Leben um etwas geht, weil es selbst in der Lage ist, seine Umwelten daraufhin zu bewerten, inwiefern sie ihm förderlich sind. Biodiversität ist ein »lebendiges Erfahrungswissen, übersetzt in Gene, in Pflanzen und Tiere, die in unendlich komplexen Beziehungsgeflechten miteinander [einen] Ort bewohnen« (Steffens/Habekuß 2021: 99). Zu diesem Erfahrungswissen gehören auch Präferenzen. Alles Leben setzt anderes Leben voraus, wird von anderem Leben ermöglicht, von einem jeweils qualifizierten anderen Leben, auf das es, wie der Hochmoor-Perlmutterfalter auf den Schlangen-Knöterich, angewiesen ist. Dieses Angewiesensein bezieht sich so gut wie nie auf nur eine Art, sondern auf komplexe Artenverbünde oder Ökosysteme.

Werte existieren vor diesem Hintergrund nicht nur in der Welt der Menschen, als kulturelle Tatsachen, sondern sind in ökosystemaren Beziehungen inkorporiert. »Leben«, so bemerkt der Biosemiotiker und Philosoph Andreas Weber, »ist das Erscheinen eines Werts, der Körper geworden ist.« (Weber 2023: 33) Es tendiert auf etwas hin, dass es nur in Beziehungen mit anderem Leben erreichen kann, das damit selbst zu einem Wert wird. »Der wahre Ort aller Werte ist darum das Netz. Gelingendes Leben ist Leben, das die Beziehungen in diesem Geflecht vervielfältigt, das keine von ihnen abschneidet, vorhandene verstärkt, neue webt.« Das gilt auch für uns Menschen, denn

»[w]ir sind nichts ohne die Natur. [...] [W]ir stehen ihr nicht gegenüber. Wir sind eine Falte ihres unendlichen Gewebes.« (Weber 2023: 223)

Mit der ressourcenintensiven, nicht-nachhaltigen und selbstzerstörerischen Form menschlichen Lebens, die sich seit der Mitte des 19. Jahrhunderts globalisiert hat und kulturell als alternativlos behauptet, bedrohen wir nicht nur den Fortbestand der Menschheit, sondern auch weite Teile der Biosphäre. Die größte mögliche Katastrophe bestünde in einem irreversiblen Verlust der Vielfalt des Lebens, der ein Verlust dessen wäre, was Leben in seinem Innersten ausmacht. Als Reaktion auf die globale Biodiversitätskrise hatte eine Mehrheit der in den *Vereinten Nationen* organisierten Staaten bereits 1992 eine *Convention on Biological Diversity* ratifiziert, deren Ziel darin bestand, die Vielfalt des Lebens auf der Erde für zukünftige Generationen, aber auch um ihrer selbst willen, zu schützen. Die in dieser Erklärung formulierten Ziele wurden ganz offensichtlich weit verfehlt. In einem weiteren Anlauf haben die *Vereinten Nationen* dann die Jahre von 2011 bis 2020 zur UN-Dekade der biologischen Vielfalt erklärt. Nach dem Ende dieser Dekade müssen wir resigniert feststellen, dass die Aussterberaten nicht nur nicht zurückgegangen sind, sondern sich immer weiter erhöhen. Der am 6. Mai 2019 veröffentlichte, mehr als tausend Seiten umfassende Bericht der *Intergouvernemental Science-Policy Platform on Biodiversity and Ecosystem Services* (IPBES) der *Vereinten Nationen* geht davon aus, dass mindestens eine Million Arten akut vom Aussterben bedroht sind. Die *Vereinten Nationen* merken dazu an: »Biologische Vielfalt – die Vielfalt innerhalb von Arten, zwischen Arten und von Ökosystemen – nimmt schneller ab als je zuvor in der Geschichte der Menschheit.« (IPBES 2019a: XIV) Robert Watson, der Leiter der IPBES, fasst die Ergebnisse des Berichts mit folgenden Worten zusammen: »Die Gesundheit der Ökosysteme, von denen wir und alle anderen Arten abhängen, verschlechtert sich schneller denn je. Wir zerstören die Grundlagen unserer Wirtschaft, unserer Ernährungssicherheit, unserer Gesundheit und unserer Lebensqualität weltweit.« (IPBES 2019b: 1) Mit dem Unterbrechen evolutionärer Linien und koevolutionärer Netzwerke greifen wir in einer nie zuvor gekannten Tiefe in natürliche Zusammenhänge ein. Wir bedrohen damit nicht nur die Gelingensbedingungen und Möglichkeiten zukünftigen menschlichen Lebens, sondern die Zukunft insgesamt.

Zur Biodiversitätskrise gehört es wesentlich, dass sie sich nur schwer vergegenwärtigen lässt und dass sie kulturell nach wie vor unterrepräsentiert bleibt. Das Bewusstsein für die Tragweite und Tiefe der in Gang gesetzten Prozesse ist hier weit weniger ausgeprägt als das entsprechende Bewusstsein für die Klimakrise, welches selbst nur fragmentarisch und verzerrt ist. Ein Blick auf die Klimakrise und ihre gelingende wie scheiternde kulturelle Vergegenwärtigung kann uns aber zunächst dabei helfen, die kulturellen Dimensionen der Biodiversitätskrise besser zu verstehen.

In Bezug auf die Klimakrise hat der amerikanische Umweltethiker Stephen M. Gardiner von einer ethischen Tragödie gesprochen, die er in der Metapher eines »perfect moral storm« (Gardiner 2011) verdichtet. Mit dieser Metapher wird zunächst impliziert, dass uns die Klimakrise nicht nur physisch betrifft, sondern auch kulturell und ethisch. Der »perfect moral storm« paralysiert uns, hindert uns individuell wie kollektiv daran, trotz unserer wissenschaftlichen Erkenntnisse der Zusammenhänge zwischen Lebensstilen, Wirtschaftsweisen, Emission und globalem Temperaturanstieg adäquate gesellschaftliche Transformationsprozesse einzuleiten. Gardiner bezieht sich mit seiner Metapher auf eine historische Schiffskatastrophe, den Untergang der *Andrea Gail*, eines Fisch-Trawlers, der im Oktober 1993 im Nordatlantik in Folge eines Unwetters, das bis zu 18 Meter hohe Wellen mit sich brachte, in Seenot geriet und schließlich unterging. Sebastian Junger, der dem Schicksal der *Andrea Gail* und ihrer Besatzung ein auflagenstarkes Sachbuch gewidmet hat, sprach hier von einem »perfekten Sturm« (vgl. Junger 1998); »perfekt« war der Sturm vor allem aus der Perspektive der Katastrophe selbst, die sich aus dem höchst unwahrscheinlichen Zusammentreffen von gleich drei Sturmfronten in genau dem Seegebiet ergab, in dem die Besatzung der *Andrea Gail* nach Schwertfisch-Schwärmen suchte.

Gardiner spricht in Bezug auf die Erwärmung der Erdatmosphäre in Folge gestiegener CO_2-Emissionen von einem »perfekten Sturm«, weil auch hier drei Fronten zusammentreffen, ein *globaler Sturm*, ein *intergenerationeller Sturm* und ein *theoretischer Sturm*. Der globale Sturm bezieht sich auf die Schwierigkeiten, die Auswirkungen der Klimakrise auf Handlungen individueller Verursacher zurückzuführen. Handlungstheoretisch und ethisch haben wir es in diesem Zusammenhang mit einer Verantwortungsdiffusion zu tun. Nicht intentionale Handlungen (oder unterlassene Handlungen) lassen sich als Ursachen für die Erwärmung der Atmosphäre ansprechen, sondern das gewohnheitsmäßige, oft nur halb bewusste Partizipieren an unnachhaltigen Lebensformen, das mit Skalen- und Kaskadeneffekten einhergeht (vgl. Gardiner 2011: 24). Dirk Steffens und Fritz Habekuß haben zur Veranschaulichung dieser Verantwortungsdiffusion eine treffende Analogie vorgeschlagen: »Im 19. Jahrhundert besaßen die wenigsten Menschen selbst Sklaven. Im 21. Jahrhundert haben die wenigsten selbst Regenwaldbäume gefällt.« (Steffens/Habekuß 2021: 192) Auch wenn wir nicht direkt und bewusst CO_2 in die Atmosphäre entlassen oder Arten zum Aussterben bringen, sind wir, wir alle, in den meisten unserer Handlungen und Unterlassungen doch Teil der Klima- und Biodiversitätskrise.

Den zweiten Sturm, den Gardiner unterscheidet, bezeichnet er als »intergenerationellen Sturm«. Ursachen und Wirkungen der Klimakrise werden nicht nur räumlich gestreut, sondern auch über sehr langfristige Zeiträume. Viele ökologische und soziale Auswirkungen unseres heutigen Umwelthandelns werden erst von zukünftigen Generationen zu spüren und zu verkraften sein (vgl. Gardiner 2011: 35, 123). Gardiner spricht in diesem Zusammenhang auch von einer »Tyrannei der Gegenwart« (Gardiner 2011: 143), einem Präsentismus, der Probleme bewusst in die Zukunft verschiebt; die bisher freigesetzten Treibhausgase würden auch dann noch über Generationen zu einem weiteren Anstieg der Temperaturen führen, wenn es heute über Nacht gelänge, keine weiteren Emissionen mehr in die Atmosphäre zu entlassen.

Der dritte Sturm, den Gardiner anspricht, ist ein theoretisch-konzeptueller. Uns fehlen aus seiner Sicht die Sprachen, Begriffe und kulturellen Muster, um uns die Krise in ihrem Umfang und ihrer Tiefe zu vergegenwärtigen; wir richten uns in einer Haltung des »accept and endure« (Gardiner 2011: 228) ein, was für das individuelle Bewusstsein ebenso gelte wie für kulturelle Narrative. Diese Haltung des »acccpt and endure« drücke sich sowohl in der Unfähigkeit von Individuen aus, ihre ressourcenintensiven Lebensstile zu verändern, wie in der mangelnden Bereitschaft von Staaten, ökologische Ziele gegenüber ökonomischen zu priorisieren. Alle drei Stürme vereinigen sich zu einem »moral storm«, sie lassen das Schiff unserer Fähigkeit zur Verantwortungsübername untergehen.

So wie die planetare Biosphäre als Ausdruck und Inbegriff von Biodiversität, also davon, »wie alles mit allem verbunden ist, wie alles sich gegenseitig bedingt, begrenzt, befördert, wie Billionen und Billiarden Organismen sich zu einem lebendigen Ganzen verbinden« (Steffens/Habekuß 2021: 192), noch wesentlich komplexer ist als das Klima der Erde, so ist auch der moralische Sturm in Bezug auf die Biodiversitätskrise stärker, die Paralyse noch größer. In meinem Buch *Vielfalt achten. Eine Ethik der Biodiversität* habe ich versucht, eine Ethik der Biodiversität und des Biodiversitätsschutzes anzudeuten, zu verstehen, was Biodiversität ist, was mit der Biodiversitätskrise auf dem Spiel steht und wie wir angemessen auf den Sturm reagieren können (vgl. Hetzel 2024). Ich habe mich dabei für die Kultivierung einer Haltung der Achtung stark gemacht. Nur im Eingedenken eines anders-als-menschlichen Lebens, das uns trägt und durchdringt, aber uns zugleich auch partiell entzogen bleibt, können wir, so die These, dasjenige an uns realisieren, was uns als Menschen wesentlich ausmacht: unsere Fähigkeit, uns von Anderen in eine Verantwortung nehmen zu lassen. »Die Krise der natürlichen Welt und die Krise unserer Werte, der Verfall der Moral, der allenthalben beklagt wird«, so auch Andreas Weber, der die gleiche Intuition ausdrückt, »sind daher nicht voneinander getrennt.« (Weber 2023: 216)

Unser Verhältnis zu einer biodiversen Natur beschreibe ich ausgehend von der australischen Philosophin Val Plumwood als ein Verhältnis der »Kontinuität und Differenz« (Plumwood 1993: 66ff.). Die *Kontinuität* besteht darin, dass wir Biodiversität sind, dass all das, was uns als Menschen ausmacht, Ergebnis der Evolution ist. Biodiversität ist also nicht einfach irgendwo »dort draußen«, sondern sie ist das, was uns »gebiert, ernährt, umhüllt, am Ende sich wieder einverleibt« (Steffens/Habekuß 2021: 7). Eine *Differenz* zur anders-als-menschlichen Natur drückt sich darin aus, dass nur uns Menschen eine »evolutionäre Verantwortung« (Frankel 1970: 168) zugekommen ist, und zwar allein dadurch, dass wir im Anthropozän selbst in die Geschichte des Lebens eingreifen, in einer Tiefe, die die Möglichkeit jeder weiteren Evolution in Frage stellt (vgl. Glaubrecht 2021). An dieser Stelle möchte ich nicht den Versuch machen, die

Ergebnisse meines Buches zusammenzufassen, sondern den Schwierigkeiten einer kulturellen Vergegenwärtigung der Biodiversitätskrise nachgehen. In Bezug auf die Biodiversitätskrise haben wir es, so werde ich vor allem ausgehend von Dipesh Chakrabarty und Jedediah Purdy zeigen, oft nicht nur mit einem »accept and endure« zu tun, sondern mit einem regelrechten Denialismus.

Warum fällt es uns so schwer, uns die Biodiversitätskrise zu vergegenwärtigen?[3] Die Schwierigkeiten beginnen schon mit der Vergegenwärtigung von Biodiversität selbst. So ist ein mitteleuropäischer Wald ein Miteinander von bis zu 20.000 Arten von Bäumen, Waldblumen, Vögeln und Säugetieren, vor allem aber von Pilzen, Insekten, Spinnentieren und Fadenwürmern. Diese Arten komplexer, mehrzelliger Organismen bilden wiederum nur ein vernetztes Leben, das auf mikrobieller Ebene noch wesentlich vielfältiger ist. Auf einem Waldspaziergang nehmen wir nur einen Bruchteil dieser gesamten Vielfalt wahr, einige markante Baumarten wie Buchen, Eichen oder Kiefern, wenige andere Blütenpflanzen, häufigere Vogel-Arten wie Buchfinken, Amseln oder Kohlmeisen. Doch der uns vertraut scheinende Wald wird bei genauerer Betrachtung schnell unvertraut, er erweist sich als Inbegriff der Interaktionen einer Mannigfaltigkeit von Arten, von denen die meisten unterhalb unserer Wahrnehmungs- und Kenntnisschwelle existieren, oft in der Bodenstreu oder in unterschiedlichen Totholz-Strukturen. Ein verborgenes Heer von Algen, Moosen und Pilzen, Insekten, Spinnentieren, Würmern, Schnecken und Bakterien, für die unsere Alltagssprache keine Namen bereithält, trägt dazu bei, dass die sichtbaren und uns bekannten Arten wie die großen Laubbäume nicht nur gedeihen, sondern auch über die Grenzen des Ökosystems hinaus produktiv werden können. Die vertrauten wie die verborgenen Arten stehen in einem permanenten Austausch von Energien und Nährstoffen, bilden ein Netz, das jede einzelne Art trägt, jenen Wald, ohne den Waldbäume, Waldblumen oder Waldinsekten nicht existieren könnten. Diesen Wald können wir nie als Ganzen in den Blick nehmen. Er entzieht sich uns wie der Horizont, dem wir in einer offenen Landschaft entgegengehen, und das vor allem in demjenigen Aspekt, der ihn wesentlich ausmacht: in seiner Fülle. Biodiversität lässt sich also nur bedingt vergegenständlichen, alles Wissen um Biodiversität wird von einem Nichtwissen grundiert (vgl. dazu Hetzel 2024: 233ff.).

Das kulturelle Nicht-Wahrnehmen der Biodiversitätskrise hat darüber hinaus eine zeitliche Dimension, die in der Ökologie mit dem Konzept des *shifting baseline syndrome* (vgl. Soga/Gaston 2018) belegt wird. Wir haben uns inzwischen daran gewöhnt,

---

[3]   Wie schwer uns das fällt, drückt sich etwa im Scheitern der Schweizer Volksinitiative »Für die Zukunft unserer Natur und Landschaft (Biodiversitätsinitiative)« vom 22. September 2024 aus, bei der sich eine Mehrheit von 63% der Stimmberechtigten gegen eine Verankerung des Biodiversitätsschutzes in der Verfassung, höhere Investitionen in den Biodiversitätsschutz, eine Ausweisung von neuen Schutzgebieten sowie eine stärkere Internalisierung der ökologischen Folgekosten der intensiven Landwirtschaft ausgesprochen hat.

dass unsere Landschaften degradiert sind und empfinden struktur- und artenarme Agrarwüsten als natürlich. Schlimmer noch: Wir betrachten die Ist-Zustände unserer anthropogen überformten Landschaften als Vorbilder für Schutzstrategien, die auf ihre Erhaltung zielen. Die Schutzziele verschieben sich mit unseren kulturellen Erfahrungshorizonten, die wiederum selbst degradieren: »Aussterben macht keinen Lärm. Arten verschwinden diskret. Sie gehen lautlos, als wollten sie keinen Ärger erregen, als wollten sie nicht länger stören.« (Weber 2023: 35)

Da der Schwund der biologischen Vielfalt, zumindest in Begriffen individueller menschlicher Lebensspannen, langsam verläuft, ist er für Einzelne schwer wahrnehmbar; er findet meist »noch unterhalb der Aussterbeschwelle statt, ist deshalb aber nicht ungefährlich, nur noch nicht überall spür- und erfassbar oder gar dokumentiert« (Böhning-Gaese/Bauer 2023: 31). In diesem Zusammenhang ist es wichtig daran zu erinnern, dass die Biodiversitätskrise mehr bedeutet als nur ein Aussterben von Arten. Biodiversität erschöpft sich nicht in einer Vielzahl von Arten, sondern umfasst, neben der Ökosystemvielfalt und der innerartlichen genetischen Vielfalt, vor allem auch die Interaktionen zwischen Individuen unterschiedlicher Arten und damit natürlich auch die zu den Arten gehörenden Einzelorganismen selbst. »Das Aussterben von Arten ist der Endpunkt« einer »unheilvollen Entwicklung, vorher schrumpfen die Bestände – und zwar in den letzten Jahrzehnten ganz massiv« (Böhning-Gaese/Bauer 2023: 31). Bevor die Arten verschwinden, brechen ihre Populationen ein, werden individuenärmer, verinseln, verlieren sich.

Wie eine Bestätigung dieser Diagnose lesen sich Beobachtungen von Michael McCarthy zur neueren Entwicklung der Flora Großbritanniens:

> Großbritannien hatte im Laufe des vergangenen Jahrhunderts zwar ›nur‹ etwa ein Dutzend Arten verloren, doch in Northamptonshire waren es zwischen 1930 und 1995 93 Arten, in Gloucestershire zwischen 1900 und 1986 78 Arten, Lincolnshire hatte im gleichen Zeitraum 77 Arten verloren, Middlesex zwischen 1900 und 1990 76 Arten, Durham zwischen 1900 und 1988 68 Arten, Cambridgeshire zwischen 1900 und 1990 66 Arten und so weiter. (McCarthy 2021: 95)

Bei den Tag- und Nachtfaltern ergibt sich ein ähnliches Bild. »Zunächst verringern sich die Bestände, dann werden einzelne Populationen ausgelöscht, schließlich ist die Art nicht mehr in allen Teilen ihres ursprünglichen Verbreitungsgebiets, sondern nur in einigen Regionen anzutreffen, und irgendwann stirbt sie aus.« (Böhning-Gaese/Bauer 2023: 37)

Dieses schleichende Verschwinden bildnerisch oder erzählerisch einzuholen, ist nicht leicht. Ursula Heise weist darauf hin, dass wir uns in den Versuchen, das Aussterben kulturell zu vergegenwärtigen, oft auf einzelne Arten kaprizieren und »Artenelegien« (Heise 2010: 79) erzählen. So assoziieren wir Aussterbeereignisse mit charismatischen Arten wie der Dronte, dem tasmanischen Beutelwolf, dem Yangtse-Flussdelfin, dem Elfenbeinspecht oder dem Nördlichen Breitmaulnashorn, aber nicht mit Köcherfliegen- oder Laufkäferarten, die einst auch in Deutschland lebten und nun ausgestorben sind. Noch weniger verbinden wir das Aussterben mit dem Unterbrechen von komplexen Interaktionen von Insekten und Pflanzen oder von verschiedenen Insektenarten untereinander. Problematisch ist darüber hinaus vor allem, »dass wir weniger die Arten verlieren, die wir kennen, sondern vornehmlich diejenigen, von denen wir annehmen, dass es sie womöglich gegeben haben könnte« (Ott 2007: 93). Was wir heute als »Biodiversitätsverlust« beschreiben, ist nur die Spitze eines Eisbergs einer »großen Unbekannten, einer nicht-wahrgenommenen Welt« von Arten, die »weder beschrieben, noch benannt, noch erfasst« (Yusoff 2013: 209) sind. Das Nicht-wissen um die Dimension der Krise erscheint hier somit als ein wesentliches Kenn-zeichen der Krise selbst.

Natur verlieren wir heute nicht nur als Lebens-, sondern auch als Erfahrungsraum. »Jahrhunderttausende begriff sich der Mensch allein, indem er sich inmitten der Natur verstand […]. Während 99 Prozent der Epoche, in der Menschen wie wir auf der Erde lebten, haben sie ihr Bild von sich selbst aus der Identifikation mit Tieren entworfen.« (Weber 2023: 108) Wir durchwandern keine Landschaften mehr, wissen nicht mehr von ergreifenden Begegnungen mit Tieren und Pflanzen zu erzählen, von keinen At-mosphären, die uns der Nebel über dem Moor, der Blütenduft auf einer Sommerwiese und oder der Vogelgesang kurz vor Sonnenaufgang schenken.

> In unserem Stadtleben, fixiert auf unsere Bildschirme, muss man uns ständig erinnern, dass wir erst seit einer Generation an Computern sitzen und erst seit drei oder vier in Büros mit Neonbeleuchtung arbeiten, aber fünfhundert Generationen lang Bauern und davor vielleicht noch über fünfzigtausend oder mehr Generationen Jäger und Sammler waren (McCarthy 2021: 12).

Eine Kultur ohne Beziehungen zur Vielfalt der Natur verarmt auch semantisch, me-taphorisch und narratologisch, sie macht uns stumm, sprach- und erfahrungslos, ein-sam. Edward O. Wilson konnte insofern den Vorschlag machen, statt vom »Anthro-pozän« vom »Eremozän« zu sprechen, vom Zeitalter der Vereinsamung des Menschen (vgl. Wilson 2013). Ausgehend von Rahel Jaeggi könnten wir davon sprechen, dass die neuzeitliche Kultur konstitutiv »entfremdet« ist, da sie eine »Beziehung der Bezie-hungslosigkeit« (Jaeggi 2016: 20) zu dem etabliert, was sie umgibt und was ihr vor-ausgeht.

Die Biodiversitätskrise ist somit auch Ausdruck einer kulturellen Krise, einer Krise des Vergessens und Verdrängens dessen, dass sich keine Kultur selbst genügt, einer allgemeinen Beziehungsvergessenheit. In der klassischen Antike wurde unter *cultura* eine steigernde Tätigkeit verstanden, die sich auf etwas angewiesen sah, was dieser

Tätigkeit selbst vorauslag und in seinen eigensten Möglichkeiten zu steigern war, auf eine *physis* oder *natura*. *Physis* und *natura* markierten dabei den Bereich dessen, was aus sich selbst heraus geworden ist und weiterhin wird. Das lateinische Substantiv *cultura* übersetzt, etwa bei Cicero, die griechische *epimeleia*, die sorgende Zuwendung, die semantisch dem modernen englischen *care* nahesteht. Praktiken des sorgenden Zuwendens können dabei nur von demjenigen her gedacht werden, dem diese Zuwendung gilt, von einem verletzlichen und unterstützungsbedürftigen Leben. Das Substantiv *cultura* ist ein Derivat des Verbs *colere*, das *bebauen, anbauen, pflegen, sorgen* und *bewohnen* bedeuten kann. Das *bewohnen* wird dabei als aktives Gestalten des Ortes begriffen wird, der bewohnt wird. Gepflegt und bebaut wurde im Horizont der antiken Kultur vor allem ein Land, das weniger als Grund und Boden, der besessen wird, verstanden wurde, denn als biotische Gemeinschaft, die uns trägt und vorausgeht. *Cultura* und *colere* wurden zunächst vor allem in einem landwirtschaftlichen Kontext, prominent etwa in Catos *De agri cultura* (vgl. Cato 1982), verwendet, einem der ältesten schriftlichen Dokumente der lateinischen Literatur. Cato spricht hier vom »*agrum colere*« (Cato 1982: 58 [§61]), dem Bestellen des Ackers, aber auch vom Kultivieren der Feldfrüchte, der Weinberge, der Olivenhaine und des Waldes. Kultur definiert sich hier in ihrem Verhältnis mit der Natur, über einen Austausch mit ihr und über ihre Pflege.

Dass sich alles kulturelle Tätigsein auf etwas bezogen sah, was selbsttätig ist, hatte auch eine normative Dimension. Als Haltung der *hybris*, der Selbstüberhebung, galt der Antike der Hang, sich absolut zu setzen, sich der Abhängigkeit von Anderen, von Menschen, Göttern oder der Natur, nicht bewusst zu sein. Heute würden wir hier von Souveränismus oder Denialismus sprechen, von der Fiktion, dass das Subjekt unabhängig von anderen wäre. Thomas Hobbes drückte diesen Souveränismus zu Beginn der Neuzeit im wenig stimmigen Bild von vorsozialen Menschen aus, die im Naturzustand »eben jetzt aus der Erde gesprießt und gleich Pilzen plötzlich ohne irgendeine Beziehung zueinander gereift« (Hobbes 1966: 109) sind und sich dann erst nachträglich über einen Gesellschaftsvertrag miteinander assoziieren. Wenig stimmig ist dieses Bild vor allem, weil wir heute darum wissen, dass die vermeintlich solitären »Pilze« nur die Fruchtkörper eines Myzels sind, das wiederum in einer komplexen symbiotischen Relation mit Pflanzen steht.

Die neuzeitliche Kultur beginnt gleichsam damit, das »Ohne-irgendeine-Beziehung-Sein« mit Zentralbegriffen wie Selbsterhaltung, Selbstbehauptung, Selbstidentität und Selbstbesitz zu essentialisieren. Begriffsgeschichtlich drückt sich dies auch in dem Umstand aus, dass *cultura* seit dem 17. Jahrhundert ohne Genitivattribut verwendet wird, dass sie sich also sprachlich von dem, worauf sie sich steigernd bezieht (dem Acker, der Seele, der Einbildungskraft…), löst. Die Antike kannte keine *cultura* an sich, sondern nur eine *cultura animi* oder eine *cultura ingenii*, vor allem aber eine *agri cultura* (vgl. Irmscher 1996). Der semantischen Entkoppelung der Kultur von dem, was ihr vorausgeht, entspricht sozialgeschichtlich eine Überführung der Allmende in Privateigentum, dem sich sein Besitzer nun nicht mehr in sorgender, sondern in ausbeutender Haltung zuwendet. Das Land wird hier gleichsam aus seinen biotischen und sozialen Beziehungen herausgebrochen, die Vielfalt der sich in ihm verdichtenden ökologischen Beziehungen wird der einen, ökonomischen Beziehung des Besitzes unterstellt.

Mit der Beziehung zur Natur insgesamt verschwindet auch die Vielfalt ihrer Formen aus unseren Kulturen und Sprachen. Biodiversität war immer auch eine erfahrene Vielfalt, die sich in einer *environmental literacy* ausdrückte. Flurbezeichnungen, Namen für Landschaftsformen, für Vogelrufe und Tierspuren, für Wetternuancen, für Pflanzen und Insekten, verschwinden aus unserem kulturellen Gedächtnis. Insbesondere die Literatur verfügt allerdings auch über die Fähigkeit, die Unfähigkeit der Vergegenwärtigung biologischer Vielfalt selbst zu vergegenwärtigen, eine Haltung der ökologischen Indifferenz und Kälte aufzubrechen.[4] So hat der Schriftsteller Peter Kurzeck in seinem 2011 erschienenen Roman *Vorabend* eine beeindruckende und sprachmächtige Alltagsgeschichte der Bundesrepublik Deutschland zwischen 1950 und 1980 vorgelegt, in der zwei Tendenzen im Mittelpunkt stehen. Einerseits beschreibt Kurzeck das Aufkommen einer besitzbürgerlichen Lebensform, die sich am Wunsch nach Wohlstand, einem Eigenheim, Autos, Fernreisen und ganz generell nach einem immer weiter steigenden Konsumstandard festmacht. Andererseits führt er uns den ökologischen Preis dieser Lebensform vor Augen, das immer weitere Verschwinden der Landschaften, die wir über Jahrhunderte mit anderen Lebewesen geteilt haben. Diese Landschaften werden mit dem Beginn des Wirtschaftswachstums in den 1950er Jahren in einen Sachbesitz verwandelt, der schonungslos genutzt werden kann. Man könnte auch sagen, dass Kurzeck uns zeigt, wie die Landschaften ihr Antlitz verlieren und wie die ökologische Degradation mit einer moralischen Erosion einhergeht. Mit einer anders-als-menschlichen Natur verlieren wir, so der Eindruck, den Kurzeck auf über 1000 Seiten vermittelt, auch den Sinn für die Achtung oder Anerkennung von allem anderen, was sich unserer Verfügung entzieht.[5] Kurzeck erzählt seine Geschichte nicht nur aus der Perspektive der autofahrenden, reisenden, Supermärkte besuchenden Menschen, sondern auch aus der Sicht der Wälder und Wiesen, der Igel und Schwalben. Er wird zum Chronisten der Lebensform, die der großen Akzeleration entspricht, aber auch zum Archivar der ökologischen Verluste.

Mit den Beziehungen zur Vielfalt des Lebens verlieren wir grundlegende Möglichkeiten eines im weitesten Sinne gelingenden Lebens, werden auf ein nacktes Überleben reduziert, das sich zwischen der Arbeit in der Fabrik oder im Büro und Konsum auf-

---

4   Zu den vielfältigen Formen einer biodiversitätssensiblen Literatur und den ihnen korrespondierenden Environmental Humanities vgl. die Beiträge in Dürbeck/Stobbe 2015.

5   Zu einer ausführlichen Würdigung von Kurzeck als einem ökologisch höchst sensiblen Autor vgl. Krebs 2021.

spannt, das die Augen verschließt gegenüber allem, was diesen immer engeren Horizont überschreitet, etwa gegenüber den Zugvögeln, die uns daran erinnern könnten, wie das Leben »unserer« Landschaften mit Ökosystemen etwa im tropischen Afrika vernetzt ist:

> Die Schwalben, sagte ich, und jäh meine Stimme weg. Manchmal beim Sprechen kann einem geschehen, dass man in Tränen ausbricht und merkt es erst mittendrin. Die Schwalben kommen nicht mehr ins Dorf. Erstens kein Platz mehr für sie. Und zwotens – weil sie keiner mehr will. Hat niemand mehr Freude an ihnen. Sind zuletzt noch einmal gekommen und dann gleich wieder weg. Ohne Abschied weg. Und haben doch durch Jahrhunderte mit uns gelebt. Ohne Schwalben, sagte ich, aber wer weiß das noch? Ohne Schwalben gibt es kein Glück im Haus. Überhaupt die Vögel, sagte ich. In Scharen. Bachstelzen, Rotkehlchen, Rotschwänzchen, Meisen und Spatzen. Als Kind, sagte ich. Schon am Morgen. Was für eine Freude. Man kommt aus dem Haus und überall Leben. Alles lebendig. Alles atmet und lebt. Du bist vier oder fünf und weißt schon ganz genau, du gehörst zum Leben dazu. Und jetzt? Beton, Kacheln, Glasziegel, Preßglas, Eternit, Kunststoffe, Eisen, ein Spuk. (Kurzeck 2014: 608)

Kurzeck löst in der Literatur das ein, was Chakrabarty von »planetarischen« Geisteswissenschaften fordern wird, er erzählt »miteinander verbundene Geschichten« (Chakrabarty 2022: 90), er integriert die Geschichte der Verwandlungen jener mittelhessischen Landschaften, die er in seiner Kindheit kennen und lieben gelernt hat, in »die Geschichte des Erdsystems, die Geschichte des Lebens einschließlich der Evolution des Menschen auf dem Planeten und die neuere Geschichte der industriellen Zivilisation« (Chakrabarty 2022: 90).

2. Ökologischer Denialismus

In den 20er Jahren des 21. Jahrhunderts sehen wir uns nicht nur mit einem Nicht-Wahrnehmen-Wollen der Biodiversitätskrise konfrontiert, sondern auch mit einem immer offeneren Verleugnen. Im Zusammenhang seiner Analyse der ideologischen Konstellation, die die Wahl von Donald Trump zum 45. Präsidenten der Vereinigten Staaten ermöglicht hat, schlägt der amerikanische Rechtswissenschaftler Jedediah Purdy vor, Trumps Politik als »denialistisch« zu charakterisieren. Mit dem Begriff des Denialismus wurde zuvor meist die Leugnung des menschengemachten Klimawandels bezeichnet. Purdy regt dazu an, den Umfang des Begriffs zu erweitern (vgl. Purdy 2020: 41). Seine Untersuchungen zur sozialen Lage, Mentalität und Motivation der Wähler:innen Trumps machen deutlich, dass hinter den populistischen und autokratischen Programmen eine umfassendere Leugnung steckt: die Leugnung der Tatsache, dass sich kein menschliches Leben selbst genügt, dass wir auch in einer vermeintlichen Gesellschaft der Singularitäten in einer tiefgehenden Weise voneinander abhängig bleiben. Genau dies leugnen die Wähler:innen Trumps und setzen auf eine Politik der Abschottung: der Abschottung des Landes durch Mauern, des eigenen Grundstücks durch das Recht, andere mit Waffengewalt am Betreten zu hindern, des eigenen Körpers durch immer größere SUVs. Angesichts der Biodiversitätskrise und der globalen Folgen des Klimawandels wird die Denialisten, so Purdy, allerdings auch eine »Politik des bewaffneten Rettungsboots« (vgl. Parenti 2011) nur auf Zeit vor jenem Untergang bewahren können, dem sie den »Rest« der Welt bereits jetzt sehenden Auges überlassen wollen.

Mit seiner Politik des *MAGA (Make America Great Again), mit seinem Fordern, rhetorischen Inszenieren und realen Errichten von Grenzzäunen, vermochte es* Trump aus der Sicht Purdys, ein Bewusstsein der konstitutiven Abhängigkeit von Anderen umzuwerten in sein Gegenteil, in eine Haltung der Aversion gegenüber allem Fremden und Anderen. Eine Politik der Abwehr der Fremden konnte Trump mit Hoffnungen auf Autarkie und nationale Souveränität verbinden. Diese Hoffnung ging wiederum mit dem neoliberalen Versprechen einher, dass die »echten« Amerikaner:innen, als eine Privilegien-Gemeinschaft, ein Anrecht darauf hätten, das, was ihnen von Geburt an zustehe, »ihr« Land, »ihre« Bodenschätze, »ihre« individuellen sozialen Aufstiegschancen, zu monopolisieren, den Boden, der sie trägt, also nicht mit migrantischen Anderen teilen zu müssen. Das »eigene Land« zu monopolisieren bedeute, es nicht länger als »Commonwealth«[6] zu verstehen, in dem »unser gutes Leben das gute Leben der anderen voraussetzt« (Purdy 2020: 53), sondern als einen Sachbesitz, über den das fiktive »amerikanische Volk« frei verfügen dürfe, ohne anderen darüber Rechenschaft ablegen zu müssen, anderen im Sinne des »Restes« der Welt, insbesondere der Bewohner:innen des globalen Südens, aber auch im Sinne zukünftiger Generationen und anders-als-menschlicher Lebewesen. Ein freies Verfügen impliziere auch, keine Verbindlichkeiten mehr anzuerkennen gegenüber einem Land als biotischer Gemeinschaft, sondern es vollständig zu kommodifizieren. Make America great again steht dann für die Forderung, die Konsumchancen für bestimmte Menschen zu vergrößern, die Märkte zu entregeln und die Natur wieder zur Beute zu machen.[7]

---

6   Damit spielt Purdy nicht auf das historische, den Imperialismus Englands verkörpernde Commonwealth an, das ja auch einen Teil des problematischen historischen Erbes der USA ausmacht, sondern auf die Etymologie des Wortes, die einen gemeinschaftlichen und gleichheitlichen Wohlstand nahelegt, ein Zusammenleben ohne Privilegien und Privilegierte.

7   Auch Jair Bolsonaro, von 2019 bis 2022 Präsident Brasiliens, verdanke seinen Wahlerfolg einer vergleichbaren rechtspopulistischen Gemengelage von Versprechen, die vor allem auf die Einschränkung von Migration, Entstaatlichung und die Aufhebung von Naturschutzmaßnahmen im Amazonasbecken hinausliefen.

Trump verdankt einen großen Teil seines Erfolgs, so Purdy weiter, der Tatsache, dass er Prekarisierungsängste der amerikanischen Mittelschicht erfolgreich gegen Migrant: innen wie gegen Umweltaktivist:innen zu mobilisieren vermochte. Aus der Sicht des von Trump heraufbeschworenen Narrativs haben liberale Eliten den Klimawandel als Vorwand zur »Einrichtung einer Weltregierung« (Purdy 2020: 41) verwendet, die die einfachen, hart arbeitenden Amerikaner:innen entsouveränisiere, sie um ihre wohlverdienten Arbeits- und Konsummöglichkeiten bringe. Unter dem Deckmantel der Klima- und Umweltbewegung führten dieselben Eliten insbesondere einen »Krieg gegen die Kohle« (Purdy 2020: 25), der sich in Wirklichkeit gegen weiße männliche Arbeiter richte.[8] Zugleich unterstütze Washington, der Inbegriff dieser liberalen Eliten, »gewisse Leute dabei, sich in der Warteschlange zum amerikanischen Traum vorzudrängeln – eine Form des Betrugs, die auf ›Affirmative Action‹, Sozialhilfe und illegaler Einwanderung basiere« (Purdy 2020: 63). Trump verspricht seinen Adressat:innen eine neue Souveränität, die sich in geschlossenen Grenzen, dem Abbau eines mit Bürokratie und Kontrolle assoziierten Staates und im Aufkündigen aller Umweltprogramme manifestiert. Er konstruiert also erfolgreich drei Sündenböcke: den Umweltaktivismus, die Migrant:innen und die liberalen Eliten. Xenophobie geht hier mit einem ökologischen Denialismus einher, einem Festhaltenwollen am Hobbes'schen Weltbild, das ein »Ohne-irgendeine-Beziehung-Sein« mit Souveränität assoziiert.[9] Purdy begreift die sich in Trumps perfider Politik manifestierende Haltung vor allem als ein »Nichtwahrhabenwollen der Dinge, die uns lästigerweise aneinander binden« (Purdy 2020: 41), über die wir, etwa als Mitbewohner:innen einer biotischen Gemeinschaft, immer schon unfreiwillig assoziiert sind. In der den Trumpismus definierenden denialistischen Haltung manifestiert sich die »Weigerung, die Welt als einen auf jeder Ebene zutiefst pluralistischen Ort zu begreifen, an dem *wir alle* zusammenleben« (Purdy 2020: 41). Dieses »alle« kann natürlich über den menschlichen Rand hinaus ausgeweitet werden.

---

8   Cara New Dagget hat in Bezug auf dieses Narrativ und die ihr gemäße Lebensform inzwischen die treffende Formulierung der »Petromaskulinität« geprägt, die sich in einem »fossilgetränkten Lebensstil« und Praktiken wie dem in ländlichen Regionen der USA beliebten »Rolling Coal« äußert, einem Nachrüsten von Trucks und SUVs in einer Weise, dass sie aus Schornsteinen schwarze Rauchwolken ausstoßen, um so Umweltschutzmaßnahmen bewusst zu verhöhnen (vgl. Dagget 2024: 12, 42).

9   Im Vorfeld des Präsidentschaftswahlkampf des Jahres 2024 reagierte die demokratische Kandidatin Kamala Harris auf den Souveränismus und Denialismus der Trumpisten mit einem Bild, das an das Assoziert-Sein allen menschlichen Lebens mit anderem Leben noch vor jeder bewussten Entscheidung erinnert: »My mother used to – she would give us a hard time sometimes, and she would say to us, ›I don't know what's wrong with you young people. You think you just fell out of a coconut tree?‹ You exist in the context of all in which you live and what came before you.« (Harris 2023)

Auch Chakrabarty lässt sich als Kritiker des Denialismus von Biodiversität lesen. »Biodiversität« begreift er als »wertvollste planetarische Ressource« (Chakrabarty 2022: 151/152), als etwas, das »der Emergenz des Denkens« und letztlich noch »*jeder menschlichen Form der Beziehung zur Welt vorausgeht*« (Chakrabarty 2022: 153). Die Rolle der Biodiversität wird von ihm vor allem im Kapitel »Planetarische Bestrebungen – Deutung eines Selbstmords in Indien« (Chakrabarty 2022: 196 ff) betont. Er bezieht sich hier auf den Medizin-Studenten Rohith Vemula, der sich am 17. Januar 2016 aus Protest gegen sein Diskriminiertwerden als Angehöriger der Dalit, der Kaste der Unberührbaren, im indischen Hyderabad das Leben nahm. In seinem Abschiedsbrief beschreibt Vemula die Formen der Ausgrenzung und Subalternisierung, denen er in seiner Universität alltäglich ausgesetzt war, und beruft sich auf eine materielle Gleichheit aller menschlichen Körper als Referenzpunkt seiner Marginalisierungskritik; jeder Körper ist für ihn »eine herrliche, aus Sternenstaub bestehende Sache« (zit. n. Chakrabarty 2022: 196). Beeinflusst von populärwissenschaftlichen Büchern des Astronomen Carl Sagan erinnert Vemula daran, dass alle schwereren Elemente wie der Kohlenstoff, aus dem sich organische Moleküle wesentlich zusammensetzen, eine kosmologische Vorgeschichte haben. Sie sind aus der sogenannten stellaren Nukleogenese einer früheren Generation von Sternen entstanden, die zunächst aus leichten Elementen wie Wasserstoff und Helium bestanden. Noch schwerer Elemente als Kohlenstoff, die ebenfalls essentiell für die chemische Vorgeschichte des Lebens sind, entstehen schließlich nur im Zuge von Supernovae. So hat sich das Leben auf der Erde nur deshalb entwickeln können, weil die Sonne ein Stern der 3. oder 4. Generation ist, der sich mitsamt seinen Planeten aus dem »Sternenstaub« früherer Supernovae hat bilden können. Diese kosmologische Geschichte, mit der wir über unsere Körper verbunden sind, sollte uns, so Vemula, eine gewisse Demut abverlangen, uns vor allem aber eine fundamentale Gleichheit allen Lebens vor Augen führen.

In der Tradition von Gayatri Spivaks Deutung der Selbstmorde von Inderinnen während der Kolonialzeit, die sich damit sowohl dem hinduistischen Gebot der Witwenverbrennung wie dem Verbot dieser Praxis durch die britischen Kolonialherren zu entziehen suchten, ihren Selbstmord also als paradoxe gegenhegemoniale Artikulation verstanden (vgl. Spivak 1988), deutet Chakrabarty den Selbstmord Vemulas als Versuch eines Subalternen, dessen Worte in der indischen Kastenordnung nicht zählen, gleichwohl das Wort zu ergreifen und die Regime der Repräsentation zu verschieben. Stärker als Spivak macht Chakrabarty dabei auf die Rolle des Körpers bei der sozialen Konstruktion von Subalternität aufmerksam. Die Dalit werden vor allem über die Zuschreibung einer gewissen Körperlichkeit konstituiert, über eine paradoxe Körperposition. Sie zeichnen sich durch Körper aus, die von anderen menschlichen Körpern nicht berührt werden dürfen (vgl. Chakrabarty 2022: 203). Als im normativen Sinne »unberührbar« gelten die Körper der Dalit, weil sie sich wiederum mit andersals-menschlichen Leben berühren. Die Dalit sind zuständig für das Reinigen der Latrinen und der Straßen, aber auch für die Arbeit in Schlachthäusern, für Prozesse also, die mit Tod und Zersetzung, mit mikrobiellem Leben und Ansteckung, assoziiert werden. Man könnte auch sagen: Der Dalit-Körper erinnert uns daran, dass auch Menschen in Stoffkreisläufe und ökosystemare Prozesse eingebunden sind, dass sie essen und ausscheiden, dass sie gegessen werden können und nach ihrem Tod einen sich zersetzenden Körper hinterlassen. Der Ekel vor dem Dalit-Körper wird von Chakrabarty als Ausdruck einer hinduistischen Reinheitsvorstellung interpretiert, die wiederum einen modernen Biodiversitäts-Denialismus präfiguriert. Im abendländischen Kontext entspricht dem eine Aversion gegen die »klebrigen und schmierigen Substanzen« (Chakrabarty 2022: 199), die wir auf körperlicher Ebene selbst sind, eine Aversion, die sich seit Platon in einer Flucht in eine Welt »reiner« Ideen und »unsterblicher« Seelen manifestiert.

In den Begriffen der älteren Subaltern Studies lässt sich der Selbstmord Vemulas, so Chakrabarty, nur schwer verstehen. »Die Subaltern Studies haben es versäumt, den Dalits Rechnung zu tragen, weil sie über keine materielle Theorie des Körpers verfügten« (Chakrabarty 2022: 214). In einem Akt radikaler Umwertung gelingt es Vemula, gerade den Körper, das vermeintlich Endliche und Materielle, als das wirklich Ewige auszuzeichnen. Statt die »klebrigen und schmierigen Substanzen« (Chakrabarty 2022: 199), aus denen für Platon die Körper bestehen, überwinden zu wollen, beschreibt er sie als »Sternenstaub« und lässt so »den individuellen Körper in einer zusammenhängenden, netzwerkartigen Betrachtungsweise des physischen Universums aufgehen, die über die Frage menschlichen Gedeihens hinausweist« (Chakrabarty 2022: 201).

Chakrabarty begreift die Brahmanen, die ein religiöses Reinheitsgebot formulieren, als Denialisten in genau dem Sinn, den auch Purdy diesem Begriff gibt. Denialisten leugnen, dass menschliches Leben immer schon mit menschlichem wie anders-als-menschlichem Leben assoziiert ist, sich mit ihm berührt, vermischt und durchdringt. Sie versuchen sich rein zu halten, sich nicht von anderem Leben berühren zu lassen. Dass dies nicht nur nicht möglich, sondern auch ethisch problematisch ist, macht Judith Butler in ihrer Ethik der Kohabitation deutlich, die sie im Anschluss an Hannah Arendt formuliert:

Wenn Arendt recht hat, können wir nicht nur nicht wählen, mit wem zusammen wir die Erde bewohnen, sondern wir haben aktiv die nicht gewählte Mannigfaltigkeit des Zusammenlebens zu bejahen und zu bewahren. Wir leben nicht nur mit jenen zusammen, die wir uns nie ausgesucht haben und denen wir uns vielleicht gar nicht zugehörig fühlen, wir sind auch verpflichtet, diese Leben zu bewahren und die Pluralität zu verteidigen, zu der sie gehören. (Butler 2013: 150)

Während Butler in diesem Zitat vor allem noch an menschliches Leben denkt, erweitert sie diese Perspektive neuerdings in einem ökologischen Sinne. In den *Anmerkungen zu einer performativen Theorie der Versammlung* bemerkt sie:

> Lebendig zu sein heißt immer schon, mit dem, was nicht nur jenseits meiner selbst, sondern auch jenseits des Menschseins lebt, verbunden zu sein, und kein Selbst und kein Mensch kann ohne diese Verbindung zu einem biologischen Netzwerk des Lebens leben, das den Bereich des menschlichen Tieres überschreitet. (Butler 2016: 61)

Dem entspricht ein Verständnis des »Körpers als Schwelle«, das »die Vorstellung des Körpers als abgeschlossene Einheit unterminiert« (Butler 2020: 30).

Chakrabarty kommt zu ganz ähnlichen Folgerungen.

Vemulas Protest mache uns nicht nur auf die Würde eines jeden Menschen aufmerksam, sondern auf die Würde alles dessen, was lebt: »Wir könnten den Körper eines Dalit trotz seiner perversen Konstitution sowohl als Zugeständnis als auch als Erinnerung an all die anderen lebenden Körper betrachten, mit denen wir in Verbindung stehen müssen, um unsere menschlichen Körper am Leben zu erhalten« (Chakrabarty 2022: 216). Chakrabarty interpretiert den Körper des Dalit als jenen Körper, »der uns all jene Verbindungsnetzwerke zwischen verschiedenen Lebensformen bewusst macht, die für das Überleben des Menschen in seiner Kreatürlichkeit sorgen«. In diesem Sinne bezeichnet er »den Dalit-Körper als planetarischen Körper« (Chakrabarty 2022: 216). Dieser Körper erinnert uns daran, dass wir eine »tief in die Geschichte des Lebens eingebettete Spezies« (Chakrabarty 2022: 219) sind.

3. Eine Kultur der Achtung

Im Schlussabschnitt seiner *Kritik der praktischen Vernunft* erwähnt Immanuel Kant zwei mögliche Quellen des moralischen Gefühls der Achtung, die er zunächst als gleichrangig präsentiert: »Zwei Dinge erfüllen das Gemüt mit immer neuer und zunehmender Bewunderung und Ehrfurcht, je öfter und anhaltender sich das Nachdenken damit beschäftigt: Der *bestirnte Himmel über mir*, und das *moralische Gesetz in mir*.« (Kant 1983: 300/A 289) In den weiteren Erläuterungen dieser kanonisch gewordenen Sätze gibt Kant zu verstehen, dass die innere Unermesslichkeit ethischer Ansprüche, die im »moralischen Gesetz« aufscheint, als der eigentliche Gegenstand unserer Achtung zu gelten hat. Den »bestirnten Himmel« bemüht Kant dagegen nur im Zuge einer indirekten Darstellung der Unermesslichkeit ethischer Ansprüche. Die Grenzlosigkeit des Himmels verweist uns darauf, dass wir über einen inneren Maßstab für das Grenzlose verfügen: den unbedingten Anspruch, den das Sittengesetz an uns richtet. Aus der von Chakrabarty eingenommenen »planetarischen« Sicht wäre darauf hinzuweisen, dass sich die Relationen innerhalb dieser indirekten Darstellung auch umkehren lassen. Die Distanz oder Andersheit des Himmels, seine Grenzenlosigkeit, das Bewusstsein, dass eine schier unendliche Zahl von Planeten um eine ebenso unendliche Zahl von Sternen kreist, würde dann zum Urbild der Achtung. Die Möglichkeit, dass wir uns wechselseitig auf ein verantwortliches Handeln festlegen können, wäre von einer Unermesslichkeit außer uns abzuleiten, von der Grenzenlosigkeit einer Natur, wie Kant sie vor allem in der Grenzenlosigkeit des Weltraums erfahren hat und wie wir sie seit Darwin in der Unermesslichkeit und Tiefe des Lebens kennengelernt haben.

Der bestirnte Himmel über uns, den Kant im 18. Jahrhundert noch bei jedem spätabendlichen Spaziergang bestaunen konnte, hat sich uns spätmodernen Menschen entzogen. Er wird überstrahlt vom Licht der Metropolen, er verschwindet im Dunst der Industrien, Ballungsräume und Verkehrswege.[10] Mit dem Verblassen des bestirnten Himmels scheint auch das moralische Gesetz seine Verbindlichkeit zu verlieren. Heute verschließen sich, wie wir gesehen haben, viele Menschen gegenüber der unermesslichen Vielfalt des Lebens, die mindestens ebenso ehrfurchtgebietend ist wie der bestirnte Himmel. Damit berauben sie sich der Möglichkeit, dass sich ein Affekt der Achtung einstellen kann, ganz gleich in Bezug auf was. Achtung ist immer Achtung eines Anderen. Der Mensch erfuhr sich bis zum Beginn der Neuzeit in Abhängigkeit von einem Leben, das ihm vorausging. Das Aufkündigen dieser Abhängigkeit drückt sich in dem aus, was wir in diesem Beitrag als Denialismus bzw. Kultur der Beziehungslosigkeit beschrieben haben.

So wie der Sternenhimmel Kants heute hinter den Lichtern der Großstadt verblasst, so verblasst in unserem Erfahrungsraum auch jene Vielfalt des Lebens, von der wir selbst nur einen winzigen Ausschnitt bilden, eine Art unter vielen Millionen, eine Art allerdings, die sich bis zu einem Punkt entwickelt hat, an dem sie die Grundlagen des Lebens insgesamt beeinflussen kann, bewahrend oder zerstörend. Wir haben den Blick vom Himmel ebenso abgewandt wie von Wäldern, Wiesen und Bachufern, haben das Staunen verlernt und damit auch die Achtung. Jede ethische Haltung benötigt einen Außenhalt, ein Jenseits des menschlichen Randes, von dem aus wir uns selbst relativieren können. Die Sterne waren bis zum Beginn der Neuzeit die Gewähr für dieses Andere, für das, was unsere Vorstellungskraft und unsere praktischen Horizonte übersteigt. Die Erhabenheit des Lebens in seiner Vielfalt und Vernetztheit übersteigt noch die der Sterne. Walt Whitman schreibt in diesem Sinne in seinem Gedichtzyklus

---

10   Walter Benjamin kann in seinem Passagen-Werk schreiben: »Die Großstadt kennt keine eigentliche Abenddämmerung. Jedenfalls bringt die künstliche Beleuchtung diese um ihren Übergang in die Nacht. Der gleiche Umstand bewirkt, daß die Sterne am Himmel der Großstadt zurücktreten; am allerwenigsten wird ihr Aufgang bemerkt. Kants Umschreibung des Erhabenen durch ›das moralische Gesetz in mir und den gestirnten Himmel über mir‹ hätte so von einem Großstädter nicht konzipiert werden können.« (Benjamin 1982: 433).

Leaves of Grass: »Ich glaube, ein Grasblatt ist nicht geringer als das Tagwerk der Sterne.« (Whitman 2009: 81) Die Sterne sind ferne Solitäre, wir wissen bis heute nicht, ob sie irgendwo ein von unserem irdischen Leben unabhängiges Leben ermöglicht haben. Doch selbst, wenn wir dies wissen würden, wenn also eines Tages Leben auf einem Jupiter-Mond oder einem Exoplaneten nachgewiesen werden würde, würde uns das nicht von der Verantwortung gegenüber dem einmaligen Leben auf unserer Erde entbinden.

Dass die Quelle der Moralität nicht in einer Konvention gesucht werden sollte, auf die sich Menschen geeinigt und die sie für verbindlich erklärt haben, sondern in einem Planetarischen, dass alle menschlichen Horizonte überschreitet, wird in folgender Bemerkung Chakrabartys deutlich:

> Die Erkenntnis, dass die Menschen – alle Menschen, ob reich oder arm – erst spät zum Leben des Planeten dazugestoßen sind und eher als Gäste auf der Durchreise denn als gastgebende Besitzer auf ihm verweilen, muss ein integraler Bestandteil der Perspektive sein, aus der wir unsere nur allzu menschliche, aber berechtigte Suche nach Gerechtigkeit in Bezug auf Fragen im Zusammenhang mit den ungeheuerlichen Auswirkungen des anthropogenen Klimawandels anstrengen. (Chakrabarty 2022: 121)

Das planetarische Denken, für das sich Chakrabarty einsetzt, geht mit einem Neubeginn in der Ethik einher, mit einer Abwendung vom neuzeitlichen Kontraktualismus, der ethische Ansprüche seit Hobbes als von Menschen »gemacht« interpretiert, als das Ergebnis von Aushandlungsprozessen. Achtung richtet sich im planetarischen Denken demgegenüber gerade auf das, was wir nicht machen, sondern nur voraussetzen können:

> Wenn wir eine neue Tradition des politischen Denkens begründen wollen, in der es nicht bloß um die Herrschaft des Menschen über die Erde geht, müssen wir Wege finden, wie wir gegenüber den Orten, die wir bewohnen, ein Verhältnis eingehen können, das Elemente sowohl des Erstaunens als auch der Ehrfurcht kombiniert. (Chakrabarty 2022: 339)

Im Kultivieren einer solchen Haltung des Erstaunens und der Ehrfurcht könnte vielleicht auch das wesentliche Einspruchspotenzial gegen die Biodiversitätskrise liegen, der sich allein auf den Wegen politischer Steuerung oder wissenschaftlich fundierter Problemlösungsstrategien nicht erfolgreich begegnen lässt. Da die Biodiversitätskrise auch und vor allem eine kulturelle Krise ist, bedürfen wir zu ihrer Bewältigung auch »einer neuen Art von Liebe«. Diese Liebe wird eine wissende Liebe und angesichts der massiven Bedrohung auch eine engagierte Liebe sein, eine Liebe, die sich an einer Blume oder einem Vogel, einer Wiese oder einem Moor, einem See, einem Wald oder der Weite des Graslandes erfreut und dabei immer gegenwärtig ist, dass sie im nächsten Jahr vielleicht nicht mehr da sein werden, und die darum alles tun wird, was in ihrer Macht steht, um sie zu schützen oder zu retten. Es wird eine kämpferische Liebe sein. (McCarthy 2021: 226)

Wie tief eine moderne, nicht länger auf »Erstaunen und Ehrfurcht« beruhende Epistemologie inzwischen in unserem Denken verankert ist, wie sich aber zugleich ein poetischer Widerstand gegen sie formieren kann, verdeutlicht Chakrabarty über eine Anekdote aus dem Leben des Dichters Rabindranath Tagore. Im Jahr 1912, etwa ein Jahr, bevor ihm der Literaturnobelpreis verliehen wurde, geriet Tagore in eine heftige Auseinandersetzung mit seinem Verleger, der einen Satz aus einem autobiografischen Manuskript des Dichters streichen wollte. Dieser Satz lautete: »Es gab Zeiten, da wurde ich zu einem Laubbaum, der auf frischer und feuchter, mit Salzwasser durchtränkter Erde stand« (zit. n. Chakrabarty 2022: 224). Tagore legt gegen die Streichung, die der Verleger damit begründet, dass der Satz den Dichter im sich modernisierenden Indien der Lächerlichkeit preisgeben würde, Protest ein:

Warum lassen Sie mich das enorme Gefühl der Freude nicht zum Ausdruck bringen, das Wasser, Land, Bäume und Vögel in mir auslösen und das mich ständig durchläuft? Warum? Damit sich niemand lustig macht? [...] Ich agiere hier nicht als Dichter, hier spricht meine Natur. Aus dieser Natur heraus habe ich Gedichte, Lieder und Geschichten geschrieben. Dafür schäme ich mich nicht einen Deut. Weil ich ein Mensch bin, liegt die ganze Wahrheit des Nichtlebendigen und des Lebendigen in höchster Vollendung in meiner Existenz.« (zit. n. Chakrabarty 2022: 225/226)

Tagore begeht hier aus der Sicht eines modernen aufgeklärten Weltbildes einen »Kategorienfehler«. Er begeht diesen Fehler allerdings bewusst und weist damit die vielleicht grundlegendste Aufteilung von Welt zurück, die die philosophische Moderne für sich in Anspruch nimmt, die Ausdifferenzierung der einen, vormodernen Welt in drei Welten, die mit jeweils eigenen Rationalitäten und Geltungsansprüchen der auf sie bezogenen Urteile einhergehen. In einer von Kant über Max Weber und Karl Popper bis zu Jürgen Habermas reichenden Tradition bedeutet Modernisierung vor allem Differenzierung zwischen einer subjektiven Welt mentaler Zustände, einer objektiven Welt wissenschaftlich beschreibbarer Tatsachen und einer sozialen Welt der Normen und Werte (vgl. Habermas 1981: 115ff.). Tagore entsouveränisiert mit der Zurückweisung dieser Dreiweltenlehre zugleich den Dichter, indem er dessen Texte als Ausdruck eines Planetarischen versteht, das er mit Wasser, Land, Bäumen und Vögeln nicht nur teilt, sondern das sich auch in seiner Dichtkunst manifestiert. Alles, was wir sind, auch unsere Fähigkeiten, zu dichten, Gründe zu geben und uns auf Prinzipien zu beziehen, verdanken wir dem Planetarischen. Die Wende zum Planetarischen als einem neuen Allgemeinen, die Tagore in der Dichtung und Chakrabarty in der Geschichtswissenschaft vollzogen haben, steht in weiten Teilen der Philosophie und der Kulturwissenschaften noch aus.

Literaturverzeichnis

Benjamin, Walter (1974): »*Über den Begriff der Geschichte*«. In: ders., *Gesammelte Schriften.* Band I.2. Frankfurt a.M.: Suhrkamp, S. 691–704.

Benjamin, Walter (1982): *Das Passagen-Werk.* Bd. 1. Frankfurt a.M.: Suhrkamp.

Böhning-Gaese, Katrin/Bauer, Friederike (2023): *Vom Verschwinden der Arten. Der Kampf um die Zukunft der Menschheit.* Stuttgart: Klett-Cotta.

Butler, Judith (2013): *Am Scheideweg. Judentum und die Kritik des Zionismus.* Übers. v. Reiner Ansén. Frankfurt a.M.: Campus.

Butler, Judith (2016): *Anmerkungen zu einer performativen Theorie der Versammlung.* Übers. v. Frank Born. Berlin: Suhrkamp.

Butler, Judith (2020): Die Macht der Gewaltlosigkeit. Übers. v. Reiner Ansén. Berlin: Suhrkamp.

Cahill, Abigail et al. (2012): »How does climate change cause extinction?« In: *Proceedings of the Royal Society, Biological Sciences* 280, 1750, S. 1–9.

Cato, Marcus Porcius (1982): *De agri cultura.* Hg. v. Antonio Mazzarino. Leipzig 1982: Teubner.

Chakrabarty, Dipesh (2009): »The Climate of History: Four Theses«. In: *Critical Inquiry* 35, 2, S. 197–222.

Chakrabarty (2015): *The Human Condition in the Anthropocene. The Tanner Lectures in Human Values,* https://tannerlectures.utah.edu/_resources/documents/a-to-z/c/Chakrabarty%20manuscript.pdf (12.09.2024).

Chakrabarty, Dipesh (2022): *Das Klima der Geschichte im planetarischen Zeitalter.* Übers. v. Christine Pries. Berlin: Suhrkamp.

Crutzen, Paul J. (2002): »Geology of mankind«. In: *Nature* 415, 23.

Cushing, David H. (1990): »Plankton Production and Year-class Strength in Fish Populations: An Update of the Match/Mismatch Hypothesis«. In: *Advances in Marine Biology* 26, S. 249–293.

Daggett, Cara New (2024): *Petromaskulinität. Fossile Energieträger und autoritäres Begehren.* Übers. v. David Frühauf. Berlin 2023: Matthes & Seitz.

Dasmann, Raymond F. (1968): *A Different Kind of Country.* New York: Macmillan.

Derrida, Jacques (2010): *Das Tier, das ich also bin.* Übers. v. Markus Sedlaczek. Wien: Passagen.

Dürbeck, Gabriele/Stobbe, Urte (Hg.) (2015): *Ecocriticism. Eine Einführung,* Köln et al.: Böhlau.

Frankel, Otto H. (1970): »Variation – the essence of life«. In: *Proceedings of the Linnean Society* 95, 2, S. 158–169.

Gardiner, Stephen M. (2011): *A Perfect Moral Storm. The Ethical Tragedy of Climate Change.* Oxford: Oxford University Press.

Glaubrecht, Matthias (2021): *Das Ende der Evolution. Der Mensch und die Vernichtung der Arten.* München: Bertelsmann.

Habermas, Jürgen (1988): *Theorie des kommunikativen Handelns.* Bd. 1., *Handlungsrationalität und gesellschaftliche Rationalisierung.* Frankfurt a.M.: Suhrkamp.

Harris, Kamala (2023): Rede am 10. Mai 2023. In: Conor Murray: »Kamala Harris' ›Coconut Tree‹ Quote, Explained: What She Meant And Why It's Going Viral As She Launches Campaign«. Forbes-Magazin, 21.07.2024, https://www.forbes.com/sites/conormurray/2024/07/21/kamala-harris-coconut-tree-quote-explained-what-she-meant-and-why-its-going-viral-as-biden-drops-out/ (12.09.2024).

Heise, Ursula K. (2010): *Nach der Natur. Das Artensterben und die moderne Kultur.* Berlin: Suhrkamp.

Hetzel, Andreas (2024): *Vielfalt achten. Eine Ethik der Biodiversität.* Bielefeld: transcript.

Hobbes, Thomas (1966): *De Cive. Philosophical Rudiments Concerning Government and Society.* In: Molesworth, William (ed.): *The English Works of Thomas Hobbes,* Bd. II. Aalen: Scientia.

IPBES (2019a): *Global assessment report on biodiversity and ecosystem services of the Intergovernmental Science-Policy Platform on Biodiversity and Ecosystem Services.* E. S. Brondizio/J. Settele/S. Díaz/H.T. Ngo (eds.), IPBES secretariat. Bonn, Germany.

IPBES (2019b): *Nature's Dangerous Decline. ›Unprecedented‹ Species Extinction Rates ›Accelerating‹,* IPBES secretariat, https://www.unep.org/news-and-stories/press-release/natures-dangerous-decline-unprecedented-species-extinction-rates (09.07.2023).

Irmscher Johannes (1996): »Der Begriff der Kultur. Ursprünge und Entwicklungen« In: *Sitzungsberichte der Leibniz-Societät,* 10, 1/2, S. 5–24.

Jaeggi, Rahel (2014): *Kritik von Lebensformen.* Berlin: Suhrkamp.

Junger, Sebastian (1998): *Der Sturm – die letzte Fahrt der Andrea Gail.* München: Diana Verlag.

Kant, Immanuel (1983): »Kritik der praktischen Vernunft«. In: ders., *Werkausgabe,* Bd. VII. Hg. v. Wilhelm Weischedel. Frankfurt a.M.: Suhrkamp, S. 103–302.

Koh, Lin Pin et al. (2004): »Species Coextinctions and the Biodiversity Crisis«. In: *Science* 305, 5690, S. 1632–1634.

Krebs, Angelika (2021): *Das Weltbild der Igel. Naturethik einmal anders.* Basel: Schwabe.

Kurzeck, Peter (2014): *Der Vorabend.* Frankfurt a.M.: Fischer.

Leopold, Aldo (2019): *Ein Jahr im Sand County.* Übers. v. Jürgen Brôcan. Berlin: Matthes & Seitz.

Linsenmair, K. Eduard (2000): »Funktionale Aspekte der Biodiversität«. In: Pott, Richard (Hg.), *Rintelner Symposium VI,* S. 85–100.

McCarthy, Michael (2021): *Faltergestöber.* Übers. v. Karen Nölle und Sabine Schulte. Berlin: Matthes & Seitz.

Ott, Konrad (2007): »Zur ethischen Begründung des Schutzes von Biodiversität«. In: Potthast, Thomas (Hg.), *Biodiversität – Schlüsselbegriff des Naturschutzes im 21. Jahrhundert? Naturschutz und biologische Vielfalt* 48. Bonn: Bundesamt für Naturschutz, S. 89–124.

Parenti, Christian (2011): *Tropic of Chaos: Climate Change and the New Geography of Violence.* New York: Publicaffairs.

Plumwood, Val (1993): *Feminism and the Mastery of Nature.* London/New York: Routledge.

Purdy, Jedediah (2020): *Die Welt und wir. Politik im Anthropozän.* Übers. v. Frank Jakubzik. Berlin: Suhrkamp.

Sarkar, Sahotra (2005): *Biodiversity and environmental philosophy.* Cambridge: Cambridge University Press.

Schweiger, Oliver et al. (2008): »Climate change can cause spatial mismatch of trophically interacting species«. In: *Ecology* 89, 12, S. 3472–3479.

Soga, Masashi/Gaston, Kevin (2018): »Shifting baseline syndrome: Causes, consequences, and implications«. In: *Frontiers in Ecology and the Environment* 16, 4, S. 222–230.

Soulé, Michael E. (2014): *Collected Papers of Michael E. Soulé. Early Years in Modern Conservation Biology.* Washington et al.: Island Press.

Spivak, Gayatri Chakravorty (1988): »Can the Subaltern Speak?« In: Nelson, Cary/Grossberg, Lawrence (Hg.): *Marxism and the Interpretation of Culture.* London et al.: Macmillan, S. 271–313.

Steffens, Dirk/Habekuß, Fritz (2021): *Über Leben. Zukunftsfrage Artensterben.* München: Penguin.

Streit, Bruno (2007): *Was ist Biodiversität? Erforschung, Schutz und Wert biologischer Vielfalt.* München: Beck.

Takacs, David (1996): *The idea of biodiversity.* Baltimore: Johns Hopkins University Press.

Weber, Andreas (2018): *Enlivement. Eine Kultur des Lebens.* Berlin: Matthes & Seitz.

Weber, Andreas (2023): *Alles fühlt. Mensch, Natur und die Revolution der Lebenswissenschaften.* Klein Jasedow: thinkOya.

Whitman, Walt (2009): *Grasblätter.* Übers. v. Jürgen Brôcan. München: Hanser.

Wilson, Edward O./Peter, Frances M. (Hg.) (1988): *Biodiversity,* Washington: National Academy Press.

Wilson, Edward O. (2013): »Beware the Age of Loneliness«. In: *The Economist.* November 18, 2013, http://www.economist.com/news/21589083-man-must-domore-preserve-rest-life-earth-warns-edward-o-wilson-professor-emeritus (12.09.2024).

Yusoff, Kathryn (2013): »Insensible Worlds: Postrelational Ethics, Indeterminacy and the (k) Nots of Relating«. In: *Society and Space* 31, 2, S. 208–226.

Peter Schmitt

Vom Wesen der Technik

Eine kritische Analyse des technischen Denkens im Anschluss an Martin Heidegger und Günther Anders

ABSTRACT: Bereits zu Beginn der 1950er Jahre gab Martin Heidegger in seinem Vortrag *Die Frage nach der Technik* folgende Prognose ab: Der Mensch würde zwar immer besser darin werden, Technisches – also technische Vorgänge und Funktionsweisen – zu verstehen, das Wesen der Technik hingegen würde er aus den Augen verlieren. Und diese divergierende Entwicklung würde ihm irgendwann zum Verhängnis werden. Dass Heidegger mit dieser Behauptung recht gehabt haben könnte, zeigt sich daran, dass die Frage nach dem Wesen der Technik für uns heute mehr oder minder gegenstandslos geworden ist. Technik erscheint uns digitalen Menschen, mehr denn je, als Mittel zum Zweck. Man nutzt sie, man wendet sie an, um bestimmte Absichten zu verfolgen: Die Wegbeschreibung, die Recherche zu einer Krankheit, das Konsumieren der Bilder von Mitmenschen. Das Wesen der Technik, oder wie Günther Anders es formulierte, »die technische Vorentscheidung«, ist inmitten ubiquitär gewordener technischer Anwendungszusammenhänge nur noch selten Gegenstand der Auseinandersetzung. Man sieht den Wald vor lauter Bäumen nicht mehr. Dem will die vorliegende Abhandlung gegensteuern. Im ersten Teil geht es um Heideggers Téchne-Konzeption, mit der er unter anderem aufzeigt, dass die aus sich heraus wirkenden technischen Geräte irreführenderweise auf neutrale Mittel reduziert wurden. Daraufhin wird ein kurzer Exkurs in die Medientheorie von Friedrich Kittler unternommen, um sie als Folie zu verwenden, vor der Günther Anders' Theoriekomplex zur Antiquiertheit des Menschen neue Erklärungskraft gewinnt. Der Transfer ihrer konzessionslosen Analysen der technologischen Entwicklung ihrer Zeit kulminiert schließlich in existenzialistischen Fragestellungen zur Freiheit inmitten des gegenwärtigen Weltzustands, der mehr denn je ein technischer geworden ist.

KEYWORDS: Günther Anders, Heidegger, Technik, Technikkritik, Kittler, Sartre

Einleitung

Die technischen Dimensionen unseres Lebens sind gewaltig. So gewaltig, dass sie im Grunde gar nicht mehr wahrgenommen werden können. In diesem Zusammenhang ist seit einiger Zeit die Rede vom »technischen Unbewussten« (Thrift 2005: 223) und neuerdings vom »Nichtbewussten« (Angerer 2022) bei der Verschränkung von Mensch und digitaler Maschine. Die unbewussten, bzw. nichtbewussten technischen Bedingungen gehen auf Produktionsprozesse zurück, die ebenfalls im Verborgenen bleiben. Die vielen Laptops und Smartphones sind die archetypischen Gegenstände ohne Herkunft unserer Zeit. Die Rohstoffgewinnung in Afrika und die chinesischen

Fabriklandschaften sind im Leben der Nutzer ebenso wenig existent, wie die Programmierbüros im Silicon Valley. »Und nur gerüchteweise weiß der moderne Mensch von jenen Friedhöfen, Halden, Verbrennungsanlagen und Endlagern, wo die Dinge ihre letzte Bestimmung finden« (Liessmann 2010: 12). Die letzte Bestimmung des Menschen scheint immer mehr eine technische zu sein.

Und obwohl die technischen Vorrichtungen einen immensen Einfluss auf unser Leben haben, das Technische fast hermetisch unser Leben rahmt, hält sich die Vorstellung einer prinzipiellen wertneutralen Technik starr in den ethischen Debatten.[1] Genau diese ambivalente Entwicklung, in der Technik als maßgeblicher Weltzugang nicht bewusst wahrgenommen und wertneutral konnotiert wird, ruft die beiden hier fokussierten Philosophen auf den Plan – Martin Heidegger und Günther Anders. Beide fertigten ihre pointiertesten technikkritischen Schriften in den fünfziger Jahren des 20. Jahrhunderts an. Günther Anders' erster Band der *Antiquiertheit des Menschen* erscheint 1956 und Heideggers *Die Frage nach der Technik* erscheint 1959 in der Textsammlung *Vorträge und Aufsätze*[2]. Der Transfer ihrer Überlegungen aus der Nachkriegsära sieht vor, »Anknüpfungen, Aktualisierungen und Neuformulierungen« (Müller 2010: 13)[3] für die (digital-)technikdominierte Gegenwart zu entwickeln.[4]

Die vorliegende Abhandlung ist in drei Teile gegliedert: Im ersten Teil geht es um Heideggers Téchne-Konzeption, mit der er unter anderem aufzcigt, dass die aus sich heraus wirkenden technischen Geräte irreführenderweise auf neutrale Mittel reduziert wurden. Daraufhin wird ein kurzer Exkurs in die Medientheorie von Friedrich Kittler unternommen, um sie als Folie zu verwenden, vor der Günther Anders' Theoriekom-

---

1 Nach Beispielen muss man vor allem im angloamerikanischen Raum nicht lange suchen: *Technological advancements are neither inherently good nor evil when created* (Dyson 2024), in aller Deutlichkeit Pitt (2014) *Guns Don't Kill, People Kill*, oder *AI is neither good nor evil. It is a tool. It is a technology for us to use* Etzioni (2019).

2 Heidegger hatte den Vortrag zu *Die Frage nach der Technik* bereits in den Jahren zuvor öffentlich gehalten.

3 Oliver Müller betont in seinem Essay *Zwischen Mensch und Maschine. Vom Glück und Unglück des Homo Faber* die in Sachen Technikkritik außerordentliche Veröffentlichungsdichte von wegweisenden Werken in den 1950er Jahren. Neben Heidegger und Anders nennt er Hannah Arendts *The Human Condition* (1958), das in der deutschen Übersetzung *Vita activa* heißen wird. Zudem verweist er auf die weitgehend unbeachteten Aufsätze von Hans Blumenberg, deren Veröffentlichung auch in diese Zeit fällt. Interessanterweise erscheint auch Max Frischs *Homo Faber* im Jahr 1957.

4 Dieses Projekt ist Teil eines lebendigen Fachdiskurses. Verwiesen sei in diesem Zusammenhang auf Babette Babichs 2023 erschienenes Buch zu Anders' Technikphilosophie mit dem Titel *Günther Anders' Philosophy of Technology: From Phenomenology to Critical Theory*. Zudem sind zwei Arbeiten von Harald Seubert zu nennen, in denen explizit Anknüpfungen und Aktualisierungen von Heideggers Technikkritik als Desiderat formuliert werden: *... wo aber Gefahr ist... Heidegger und die Philosophie der planetarischen Technik* (2021) und *Digitalisierung. Die Revolution von Seele und Polis* (2019).

plex zur Antiquiertheit des Menschen neue Erklärungskraft gewinnt. Der Transfer ihrer konzessionslosen Analysen der technologischen Entwicklung ihrer Zeit kulminiert schließlich in existenzialistischen Fragestellungen zur Freiheit inmitten des gegenwärtigen Weltzustands, der mehr denn je ein technischer geworden ist.

1. Téchne und episteme

Technik – abgeleitet vom altgriechischen téchne – kolportiert eine ganze Reihe von Bedeutungen, die sich nach Heidegger zunächst in zwei größere Bereiche unterteilen lassen: 1. die instrumentale Bedeutung von der Technik als Mittel zum Erreichen bestimmter Zwecke; 2. die anthropologische Bedeutung von Technik als menschlichem Tun im Allgemeinen (TK: 5f.). Er spricht hier folglich vom instrumental-anthropologischen Technikbegriff, der unserem heutigen Verständnis von Technik weitgehend entspricht. Heidegger nennt es die »gängige Vorstellung« (TK: 6) von der Technik.

Diese sei verkürzt, da Technik immer auch eine metaphysische Dimension in sich trage. So hatten die Begriffe téchne und episteme anfänglich bei Platon noch eine verhältnismäßig große semantische Schnittmenge. Téchne – im Sinne von praktischem Herstellen, von Handwerk und Kunst(fertigkeit) – war auch immer durchdrungen von episteme – der Wahrheitssuche, dem Drang nach neuen Erkenntnissen über das Leben, also von Wissenschaft im ursprünglichen Sinne. Heidegger geht nun zurück zu Aristoteles, der als erster die beiden Begriffe téchne und episteme konsequent voneinander trennte. Bei Aristoteles erscheint téchne zum ersten Mal im einseitig zweckrationalen Gewand und episteme entwickelt sich zum metaphysischen Gegenstück.

Über die Jahrtausende festigte sich so gewissermaßen eine Art »wahrheitsfreier« Technikbegriff, mit nicht unerheblichen Folgen: Mit der Trennung von téchne und episteme, mit der Abspaltung der Wahrheitssuche von der technischen Kunstfertigkeit gerät nicht nur ein bis dato »harmonisches Verhältnis« von Wissenschaft und Technik aus den Fugen. Heidegger erkennt hier den Anfang einer Entwicklung, »die in der modernen Technik zu einem grenzenlosen Sich-auskennen und Beherrschen einerseits und einem komplementären Sinndefizit andererseits geführt hat« (Hildebrandt 1990: 40). Daraus lassen sich zwei paradigmatische Prozessformen der Erkenntnisgewinnung ableiten: »Während der Wissenschaftler nach dem Wesen fragt und die Wahrheit betrachtet, geht es dem Techniker um den praktischen Nutzen seiner Arbeit […]. Téchne wird also verstanden als Bezeichnung für Fertigkeiten und Fähigkeiten, etwas Bestimmtes hervorzubringen, sich auf etwas zu verstehen, ohne es – im wissenschaftlichen Sinn – genau kennen zu müssen« (ebd.).

Inmitten des »grenzenlosen Sichauskennens« werden nun die hochbrisanten weil aus sich heraus wirkenden technischen Geräte neutrale Mittel. Exemplarisch für diese verkürzte Vorstellung von Technik steht das folgende Zitat von Karl Jaspers, das sich bis heute als archetypische Auffassung tradiert hat: »Technik ist nur Mittel, an sich weder gut noch böse. Es kommt darauf an, was der Mensch daraus macht, zu was sie ihm dient, unter welche Bedingungen er sie stellt« (Jaspers 1983: 161)[5]. Dieser – ins allgemeine Bewusstsein herabgesunkene – neutrale Begriff von Technik blendet in den Augen Heideggers jedoch etwas aus, das viel gewichtiger und von ungleich größerer Tragweite für den Einzelnen und die Gesellschaft sei, namentlich: das Wesen der Technik. Er erkennt in der Vernachlässigung dieser technischen »Mentalität« die Weichenstellung für den technischen Grundzug der Moderne. Mit dem Fokus auf die erkenntnispraktische Prozessform der téchne bleibt es zwar dem Menschen überlassen, was er aus der Technik macht. Die Technik selbst hingegen – die einen bestimmten Weltbezug, oder mit Heideggers Worten gesprochen »eine Weise des Entbergens« (TK: 13), konstituiert – bleibt unerkannt.

Téchne als neutrales Mittel unterschlägt die im Grunde höchst eigenartige metaphysische Grundstellung des Menschen in der Welt. Die Wahrheitssuche selbst wird mit ihm zum technifizierten Verfahren. Sie entspricht der Richtigkeit der Aussage[6] und verliert hier – nach Heideggers Ansicht – Tiefe und Wesensfülle. Sie suggeriere indes logische Zugänglichkeit und rationale Vereinnahmung. Wohingegen die Wahrheit, von der Heidegger in seinen Bezügen zur Vorsokratik spricht, explizit nicht wesentliche Eigenschaft »des menschlichen Erkennens und Aussagens« (WM: 299) ist. Dort ist sie vielmehr für die Menschen entdeckbar, als eine Art passiv-aktiver Weltbezug. Das Seiende veräußert sich in rätselhafter Ambivalenz, als »einbeziehende Unverborgenheit«, als »Lichtung« des »unverborgen Anwesenden« (GrP: 209), das auf den Menschen zukommt – also etwas, das nicht vom Menschen intendiert oder etwa

---

[5] Das Zitat steht hier vor allem exemplarisch für einen Technik verharmlosenden Mainstream, wie er auch heute weit verbreitet ist. Jaspers hatte hier sicherlich eine wesentlich differenziertere Sicht auf die Dinge. Gerade wenn es um die aus der Kontrolle geratene Entwicklung der Waffentechnik, namentlich die der Atombombe, ging, hatte er eine kritischere Meinung (vgl. Jaspers 1982: 221ff.).

[6] Verwiesen sei in diesem Zusammenhang auf die frühe Alethaia-Konzeption Heideggers. Er spricht dort von der »Unverborgenheit«, dem »Sich-Zeigenden«, dem »Sich-Nicht-Verbergenden« und deutet den Sinn dessen an, was die Griechen als vorphilosophisches Verständnis dem terminologischen Gebrauch von aletheia »selbstverständlich zugrunde legten« (SZ: 219). Wahrheit bezog sich bei ihnen noch auf das unerklärliche Grundwesen der Welt. Demzufolge suchten sie nach dem einen Prinzip: dem Ursprung allen Seins. Heidegger erkennt im Urstoff Prinzip der Vorsokratiker ein Wahrheitsverständnis, das sich über die Jahrhunderte gewandelt hat. Die entscheidende Zäsur im Verständnis des Begriffs führt er auf Platon und Aristoteles zurück. Beide fassten Wahrheit erstmals als Konstrukt auf, das nicht mehr dem Prinzip eines Urstoffes, einer unendlichen und grundlegenden Wahrheit verpflichtet war, als vielmehr einer rationalisierenden diskursiven Logik. Sie bezeichneten die Wahrheit »als Richtigkeit des aussagenden Vorstellens« (WM: 230). Von da an entfaltete sich die Wahrheit – so Heidegger – nicht mehr »aus eigener Wesensfülle«, sondern war vielmehr Zentrum eines sprachlogischen Weltbildes, indem sie gleichbedeutend wird mit der »richtigen Aussage«.

rationalen Argumenten folgend begriffen werden könnte. Der Mensch kann ihr teilhaftig werden, indem er ihr unlogisches Substrat akzeptiert.

Dieser Zugang zu einer untechnischen sich von sich aus zeigenden Natur-Wahrheit bleibt dem Menschen inmitten der industriellen Revolutionen aber prinzipiell versperrt. Und das ist nicht nur ein äußerliches Phänomen. Denn Technik selbst ist ihm so wesentlich, dass er immer weiter fortschreitenden Technifizierung des Erkenntnisbegriffs im Grunde nur noch technisch zu denken im Stande ist. Heidegger formuliert das folgendermaßen: »Die neuzeitliche Grundstellung ist die ›technische‹. Sie ist nicht technisch, weil es da Dampfmaschinen und dann den Explosionsmotor gibt, sondern dergleichen gibt es auch, weil das Zeitalter das ›technische‹ ist. Das, was wir neuzeitliche Technik nennen, ist ja nicht nur ein Werkzeug und Mittel, demgegenüber der heutige Mensch Herr oder Knecht sein kann; diese Technik ist vor all dem und über diese möglichen Haltungen hinweg, eine schon entschiedene Art der Weltauslegung, die nicht nur die Verkehrsmittel und die Nahrungsmittelversorgung und den Vergnügungsbetrieb, sondern jede Haltung des Menschen in ihren Möglichkeiten bestimmt, das heißt auf ihre Rüstungsfähigkeit hin vorprägt« (GrP: 17). Das oben angeführte Zitat von Jaspers, der die Technik als neutrales Mittel beschreibt, steht insofern nicht nur exemplarisch für eine verkürzte Vorstellung von der Technik, sondern auch für das technische Denken selbst.

Medientechnik im Computerzeitalter: Rechenergebnisse

Das Wort Computer leitet sich vom lateinischen Verb *computare* ab. Letzteres bedeutet »zusammenrechnen« oder »berechnen«. »Computare« bedeutet aber interessanterweise auch »an seinen Vorteil denken« (Langenscheidt). Nimmt man die beiden Übertragungen zusammen, so lässt sich beim Computer von einer Maschine sprechen, die rechnend eigenen Nutzen erzeugt. Der technische Weltzugang liegt hier ganz unverborgen im Namen des Geräts. Der Mensch, der den Großteil seiner Zeit am Computer verbringt, wird so ganz automatisch zur Nutzer:in, zur *User:in* des rechnenden Apparats. Es kommt zu einer anthropologischen Verschiebung. Der Begriff »Anwender« steht paradigmatisch für eine Zäsur im Selbstbild des Menschen. Er ist nicht mehr einfach nur »Mensch« in seiner unerklärlichen und tragischen Situation hier auf der Erde, sondern vor allen Dingen die »Anwender:in« des Apparats. Ein Apparat, dessen überwältigende Arbeitsweise nicht nachzuvollziehen ist. Denn »technische Medien« sind nach Friedrich Kittler prinzipiell »zur strategischen Überrollung« unserer »Sinne entwickelt worden«.

Ein Beispiel dafür wäre die klassische Filmfrequenz von vierundzwanzig Einzelbildern pro Sekunde, die gerade deshalb bestand hat, »weil ihre Geschwindigkeit von Augen und Lidern nicht mehr einholbar ist« (Kittler 2011: 35). Was den Film vom

Daumenkino unterscheidet ist die gleichbleibende Frequenz der Einzelbilder, die so eben nicht mehr als Einzelbilder erkannt werden können. Die Sequenz der mechanisch aneinander gehefteten Bilder wird zum Bewegtbild aufgrund des taktisch überwältigten Auges. Augen *und* Ohren werden von den Vermittlungen des Computers auf andere Art überwältigt: »Ob Digitalrechner Bilder oder Töne nach außen schicken, also ans sogenannte Mensch-Maschine-Interface senden oder aber nicht, intern arbeiten sie nur mit endlosen Bitfolgen, die von elektrischen Spannungen repräsentiert werden« (ebd. 294). Sie bleiben, samt der Siliziumchips, »die aus demselben Element wie jeder Kieselstein am Wegrand bestehen« (ebd. 297), hinter dem Monitorglas, im Verborgenen.

Das geht aufgrund der vom Computer vollbrachten Reduktion aller Dimensionen auf Null. Ein Blick in die Mediengeschichte zeigt, was es damit auf sich hat. Der erste »mediale Schritt« der Dimensionsreduktion liegt darin, »aus dem vierdimensionalen Kontinuum von Raum und Zeit ein dreidimensionales Zeichen herauszunehmen [...]. Man denke an Obelisken, Grabmäler, Pyramiden. Der zweite Schritt bestand folgerichtig darin, das dreidimensionale Zeichen selber durch ein zweidimensionales bezeichnen zu lassen, das Grabmal also zum Beispiel durch das Gemälde [darzustellen]. Der dritte Schritt war die Ersetzung oder Bezeichnung des Zweidimensionalen durch die vorgebliche Eindimensionalität von Texten oder Drucksachen, die auch McLuhans Medientheorie behauptet, obwohl all unsere Buchseiten seit dem 11. Jahrhundert als Flächen gegliedert sind [...]. All diesen Reduktionen gemeinsam blieb, dass das n-1-Dimensionale das Bezeichnete, also n-Dimensionale, zugleich auch verdeckte, verbarg und entstellte. Deshalb Polemiken griechischer Philosophen gegen Götter aus Fleisch und Blut, deshalb Kriege der Bilderstürmer oder Reformatoren gegen das Kirchenbild und schließlich, der Krieg von Technik und Naturwissenschaft gegen einen textuellen Begriff von Wirklichkeit. In dem letzten Krieg [...] sind eindimensionale Texte durch nulldimensionale Zahlen oder Bits abgelöst worden – mit der Pointe, dass 0 Dimensionen keinerlei Verdeckungsgefahr mehr einschließen« (ebd. 295).

Sprich: Die nackte Zahlenkolonne bleibt die nackte Zahlenkolonne. Man sieht sie aber nicht. Computer müssen, »gerade weil sie von Hause aus dimensionslos und damit bilderlos sind, alle optischen oder akustischen Daten aus eigener Kraft errechnen« (ebd. 296). Bilder auf Computermonitoren »bilden deshalb gar keine existierenden Dinge, Flächen oder Räume ab. Sie entstehen durch Anwendung mathematischer Gleichungssysteme auf die Fläche, die dieser Monitor ist. Wobei diese Fläche im Unterschied zum Fernsehbild, [...] von vornherein eine quadratische Matrix aus Einzelpunkten oder eben Pixels bildet« (ebd. 297). Das wäre das vorläufige Ende eines entbergenden Prozesses, der nach dem eigentlichen Wesen des Computers fragt. Die Menschen resp. die Anwender:innen des hochfrequent arbeitenden Apparats sehen und hören Rechenergebnisse einer Maschine.

2. Technische Übertreibungen und die Unfestgelegtheit des Menschen

Günther Anders ventilierte gleich zu Beginn seines technikphilosophischen Haupt-
werks *Die Antiquiertheit des Menschen Bd. I: Über die Seele im Zeitalter der zweiten
industriellen Revolution* Gedanken zur »Lebensapparatur«, einem Leben in immer-
während er technischer Festgelegtheit. Er spricht nicht von irgendeiner Vorentscheidung, sondern von *der* »Vorentscheidung«. Er wendet bewusst den Singular an, »denn
einzelne Geräte gibt es nicht. Das Ganze ist das Wahre. Jedes einzelne Gerät ist sei-
nerseits [...] nur ein Stück im System der Geräte.« Und dieses »Gerätesystem ist unsere
›Welt‹« (AM I: 2). Mit der eigenwilligen Umdeutung von Hegels »das Wahre ist das
Ganze« (Hegel 1970: 22), macht er deutlich, dass die dem Menschen zukommende
Technik nicht einfach nur da ist. Sie ist Verheißung, Schicksal.

Demgegenüber steht die »Geworfenheit« des Einzelnen in eine unbestimmte
Existenz. Aufbauend auf Heideggers Überlegungen zur Freiheit des Menschen fertigte
Anders seine Theorie zur Unfestgelegtheit des Menschen an. Mit dieser Unfestgelegtheit ist konstitutiv für Menschsein eine »ontologische Differenz« zwischen
Mensch und Welt, eine Form der Unzugehörigkeit, der Fremdheit. Gleichzeitig ist diese
angsteinflößende Wahrheit der Unfestgelegtheit der Existenz des Einzelnen dessen
freiheitlichster Moment. Der Mensch ist nicht in einer Natur heimisch wie das Tier, das
der seinen nicht entkommen kann. Er ist der Natur entkommen und hat sich eine
künstliche Welt erschaffen. Aber auch in dieser ist er nicht wirklich heimisch. Er ist
vielmehr verloren irgendwo zwischen der Natur und der Künstlichkeit der von ihm
geschaffenen (technischen) Welt. Diese Verlorenheit ist die menschliche Grundkon-
stitution schlechthin, die nach zwei Seiten ausstrahlt: in Richtung Verlorenheit und
Freiheit. Der Einzelne sei ebenso der »Verlorenheit« und somit der »Freiheit« aus-
geliefert, wie dem Raum und der Zeit. In einer eigenwilligen anthropologischen Mo-
difikation der Erkenntnistheorie Kants beschreibt Anders die Unfestgelegtheit des
Menschen als »das Apriori der ihm wesensmäßig zukommenden Aposteriorität«
(WfM: 19).

Der ehemalige Student von Heidegger überspitzt die technikkritischen Überlegungen des einstigen Lehrers. Und damit folgt er einer zur Methode gewordenen
Überpointierung seiner Thesen, die er folgendermaßen begründet: Inmitten der sich
real zutragenden technischen Übertreibungen, mit denen sich die Menschen in ihrem
Alltag auseinandersetzen müssen, muss der Philosoph – um am Puls der Zeit zu bleiben
– selber mit Übertreibungen arbeiten. Oder deutlicher: Um mit den Bizarrheiten der
technischen Entwicklungen mithalten zu können, müssen die Theorien bizarr werden
(vgl. Schmitt 2020: 43ff)[7]. Anders spricht vom »Endzustand, in dem es Einzelmaschi-

---

[7] Zu den geläufigsten Einwänden gegen die kritischen Arbeiten von Anders gehören sicherlich der
   des Pathos der Resignation und damit derjenige der Übertreibung seiner Kritik hin zur

nen deshalb nicht mehr geben wird, weil diese dann alle als Maschinenteile in den Schoß der einen allein seligmachenden Maschine eingegangen sein werden« (AM II: 113). Nicht mehr die Gedärme der Opfertiere sind es, die wir prognostisch lesen zu lernen hätten, »sondern die der Apparate. Diese verraten uns die Welt von morgen und den Typ unserer Kindeskinder, sofern es solche noch geben wird« (AM II: 428)[8].

Anders' Übertragung des anthropologischen Initiationsritus in die Technik fand noch unter dem Vorzeichen des »Human Engineering«[9] statt. Bereits damals wurden zahlreiche Experimente im Bereich der Verschränkung von Technik und Mensch durchgeführt, um Arbeitsgänge in der Industrie zu optimieren. Jene nahm Anders zum Anlass, seine Umkehrung des Subjekt-Objekt-Verhältnisses und die gleichzeitige Minderwertigkeit des Menschen im Angesicht der selbstgeschaffenen Technik zu untermauern. Die Aufnahme in die Gemeinschaft der Erwachsenen, also »in die Zahl

---

Schwarzmalerei. In seinem Oeuvre erkannte Anders selbst »so etwas wie eine Enzyklopädie der apokalyptischen Welt« (GN: 174). Beiden Vorwürfen – dem des Pessimismus und insbesondere dem der Übertreibung – hätte er nicht widersprochen. Im Gegenteil – und damit stand er auf methodischer Ebene den Vertretern der Kritischen Theorie sehr nahe – »nur die Übertreibung ist wahr« (Horkheimer, Adorno 2011: 126). Anders selbst spricht von philosophischen »Entstellungen«, die nötig seien, um die Phänomene so darzustellen, dass sie uns als das erscheinen, was sie letztlich – in ihrer »Verborgenheit« – sind. Dies sei nicht bei allen Erscheinungen so. Aber es sei gewiss, dass »es Erscheinungen gibt, bei denen Überpointierung und Vergrößerung sich nicht vermeiden lassen; und zwar deshalb nicht, weil sie ohne diese Entstellung unidentifizierbar oder unsichtbar bleiben würden; Erscheinungen, die uns, da sie sich dem nackten Auge versagen, vor die Alternative ›Übertreibung oder Erkenntnisverzicht‹ stellen« (AM II:15). Er konstatiert die Notwendigkeit der übertriebenen Darstellung, um ein Wahres dieser Erscheinungen dem Auge sichtbar zu machen.

8 Anders' Untersuchungen zu den Implikationen moderner Technologien führen ihn zu Reflexionen über die Atombombe. In ihrer Existenz bündelt sich das »prometheische Dilemma« des modernen Menschen. Was macht die Bombe mit uns? Was ist ihre letzte Konsequenz? 1972 stellt Anders in seinem Buch über die »atomare Situation« diese letzte Konsequenz in den Raum: »Der den heutigen Maschinen eingebaute Trend, ohne den keine Maschine eine Maschine wäre, zielt darauf ab, ein Höchstmaß an Effekt und Machtkonzentration mit einem Mindestaufwand an menschlicher Kraftinvestierung zustande zu bringen. Dies ist die Idee der Technik. [...] Nichts wäre nämlich kurzsichtiger zu glauben, als daß die Möglichkeit unserer Liquidierung nur ein zufälliges Nebenprodukt einiger spezieller Apparate, z.B. der Atomwaffen, sei. Vielmehr ist die Möglichkeit unserer Liquidierung das Prinzip, das wir allen unseren Apparaten mitgeben. Denn worauf wir abzielen, ist ja stets etwas zu erzeugen, was unsere Gegenwart und Hilfe entbehren und ohne uns klaglos funktionieren könnte – und das heißt ja nichts anderes als Geräte, durch deren Funktionieren wir uns überflüssig machen [...]. Was zählt ist die Tendenz. Und deren Parole heißt eben: Ohne uns« (AD, 194f.). Seine Überlegungen gewinnen im Kontext konkreter nuklearer Bedrohung dieser Tage wieder an Aktualität. Die Szenarien eines Atomkrieges werden aktuell im ZEIT online Artikel mit dem Titel *Warum Putin mit Atomkrieg droht* diskutiert (Kirev 2024).

9 »Teilgebiet der Wirtschafts- und Industriepsychologie, das sich mit der Anpassung der Arbeitsplatzbedingungen an die Eigenarten des menschlichen Organismus befasst« (DWDS).

derer, die ›zählen‹« (AM I: 41), fand dabei nicht mehr nur über das Gerät statt, sondern waren bei ihm bereits die Geräte selbst. Die Versuchspersonen des Human Engineering waren die »Neophyten« einer neuen, sich weltweit ansiedelnden Spezies, deren Kindheit und Pubertät in der erwachsenen Anwendung des Geräts endete. Anders sah im Wunsch, sich dem Gerät so gut wie möglich anzugleichen, das »summum bonum totaler Anwendbarkeit« (AM I: 42). Die Initiation der neuen Lebensphase war dann geglückt, wenn der Einzelne sich der ihm natürlich innewohnenden Spontaneität und Menschlichkeit entledigt hatte, wenn er also seine Passivierung und Verdinglichung vorangetrieben hatte und so selbst zum Maschinenteil geworden war. Doch wie war das möglich, zum Teil einer Maschine zu werden?

Die negative Intentionalität der Technik

»Jeder, der einmal an einer Maschine gearbeitet hat, wird die Beobachtung gemacht haben, dass er diese erst dann als ›seine‹ betrachtet hat, wenn seine von ihrem Gange erforderten Handgriffe eingegleist waren und automatisch vor sich gingen – wenn er also ihrer war« (AM II: 424). Anschaulich beschreibt Anders hier eine bemerkenswerte Transformation des Menschen bei der Maschinenarbeit: Die unmerklich stattfindende »Eingleisung« der menschlichen Handgriffe und die gleichzeitige Illusion der menschlichen Vereinnahmung der Maschine.[10] Mit dieser »Eingleisung« vollzieht sich auch ein Perspektivwechsel. »Erst dadurch, dass wir uns an die Geräte adaptieren (nein, selbst diese Formulierung unterstellt noch zuviel Spontaneität), erst dadurch, dass die Geräte uns an sich adaptieren, kommt diejenige ›adaequatio‹, nämlich ›producti et hominis‹, zustande, die es uns dann nachträglich erlaubt zu glauben, dass unsere Welt ›unsere‹, dass sie Ausdruck von uns heutigen Menschen sei« (AM II: 424).

Das vermeintlich aktive sich Aneignen der Maschine durch den Menschen kippt über in eine invertierte Adaption, in einen Zustand der Anpassung ihren Rhythmus. Das Prinzip der invertierten Adaption bei der Maschinenarbeit überträgt Anders dann auf die Medien seiner Zeit und kommt bei ihnen auf ein ähnliches Resultat. »Was uns prägt und entprägt, was uns formt und entformt, sind eben nicht nur die durch die ›Mittel‹ vermittelten Gegenstände, sondern die Mittel selbst, die Geräte selbst: die nicht nur Objekte möglicher Verwendung sind, sondern durch ihre festliegende Struktur und Funktion ihre Verwendung bereits festlegen und damit auch den Stil unserer Beschäftigung und unseres Lebens, kurz: uns« (AM I: 100). Der Mensch intendiert nicht

---

10 Anders hatte in seiner Zeit in den USA in verschiedenen Fabriken arbeiten müssen, um sich über Wasser zu halten. Gerade die Erfahrungen in Fabriken eröffneten ihm den für seine Technikkritik so charakteristischen, eindringlichen Blick auf die technischen Entwicklungen seiner Zeit.

primär die Nutzung des Mediums, sondern erfährt die dem jeweiligen Medium inne-
wohnende Struktur bei der Nutzung und wird von dieser geformt.

Die Problematik der impliziten Struktur der Medien spricht Anders in zuvor nicht
gekannter Direktheit an. Es stellt sich demzufolge nur sekundär die Frage, »was wir aus
diesen Einrichtungen ›machen‹, [...] für welche Zwecke wir sie als Mittel einsetzen«.
Illusionär sei die Vorstellung vom an sich guten Medium – »die Einrichtungen selbst
sind Fakten; und zwar solche die uns prägen« (AM I: 99). So verkehrt sich die weiter
oben angeführte Unfestgelegtheit des Menschen in eine medienbedingte Festgelegtheit. Nicht mehr der Mensch intendiert seine »medialen« Handlungen, sondern er wird
von seinen perfekten Apparaturen intendiert. Zentral ist bei Anders das Prinzip der
»negativen Intentionalität«. Was meint Anders damit?

Der Mensch intendiert nicht nur seine Außenwelt. Mit seinen Handlungen nimmt er
zwar in vielerlei Hinsicht Einfluss auf seine Umwelt. Er verändert sie und mit ihr seine
Mitmenschen und auch sich selbst. Er ist aber eben genauso auch von der Umwelt
geprägt. Die Seele des Menschen ist von ihr nicht abgeriegelt, sondern das Gegenteil ist
der Fall. Anders verdeutlicht das Prinzip der negativen Intentionalität anhand seiner
Überlegungen zur Situation des Musikhörens. Die Situation der Musik ist nicht Aktivität und nicht Passivität, sondern etwa eine Mischform subjektiver Objektivität, eine
Art richtungsloser und gleichzeitig zuständlicher Bewegungssinn. Der Akt des Mu-
sikhörens komme der Charakteristik des Riechens dabei viel näher, als der des Sehens.[11]
Riechen wäre an sich kein eigentlicher intentional gerichteter »Akt«, sondern viel-
mehr von außen – vom Geruch her – ein Akt stimmungsmäßigen »Zumute-seins«. Die
Formulierung »es riecht nach...« deute auf einen Zustand hin, indem man von dem
Geruch viel eher »erfasst« (Ellensohn 2008: 30) sei, als dass man aktiv riechen würde.[12]
Während der Mensch also beim Sehen so gut wie immer intendierend seine Blicke lenkt
und Lider verschließt, so ist er beim Riechen und Hören viel eher von außen her
»intendiert«.

---

[11]   Mit dieser Erkenntnis gerät Anders mit seinem einstigen Lehrer Edmund Husserl in eine Art
medialen Streit. Denn Husserls »Bevorzugung des Optischen in der Phänomenologie« hatte zur
Folge, dass er im spezifisch Optischen hängen blieb. Sein Ansatz war hinsichtlich akustischer
Analysen schlichtweg unvollständig. Deshalb versetzte Husserl (laut Anders) deren gemeinsame phänomenologische Analysen der nicht-optischen Sinne »in große Verlegenheit«, »weil
bei diesen seine angeblich schlechthin gültige Unterscheidung zwischen intentionalem Akt und
intentionalem Gegenstand dubios wurde« (Anders Interviews 26, zit. nach Ellensohn 2008: 30).
Anders erkannte in der Vernachlässigung des Akustischen eine »mediale« Lücke und erklärte
sie zum Desiderat seiner »Phänomenologie des Zuhörens«.

[12]   Anders findet bei Walter Benjamin eine ähnliche Auffassung von der negativ-intentionalen
Kapazität der Aura des Kunstwerks. Er selbst verweist in einer Fußnote auf Benjamins Baude-
laire-Essay (AM I: 333; vgl. auch Benjamin 1974: 460ff.)

Übertragen auf die technische Situation des Menschen findet nun die deutlichste Form der negativen Intentionalität bei der Maschinenarbeit statt. Die oben beschriebene Eingleisung der Handgriffe des Maschinenarbeiters in den Rhythmus der Maschine und die falsche Vorstellung von der Vereinnahmung derselben verweisen auch auf die Perfidie der Situation. Folgt man dem Transfer von Anders' Überlegungen zum Musikhören auf den Medienkonsum seiner Zeit, so lässt sich in ähnlich anschaulicher Weise von einer negativen Intentionalität beim Radiohören und Fernsehen reden. Der flimmernde Bildschirm intendiert den Menschen auf eine zuvor ungekannte Art und Weise. Es war eine neue Spezies des Menschen entstanden: der »Massen-Eremit«, der »in Millionen von Exemplaren […], jeder vom anderen abgeschnitten, dennoch jeder dem anderen gleich, einsiedlerisch im Gehäus' sitzend, gerade nicht der Welt entsagen will, sondern dort sitzt, um Gottes willen keinen Brocken der Welt in effigie zu versäumen« (AM I: 102).

Gerade dieses »Empfangen« der Welt in Einsamkeit vor dem Gerät war ein Bild, das Anders immer wieder als Folie verwendete, um darauf tiefere kritische Analysen zu skizzieren. Die Welt wurde dem Einzelnen »im Gehäus« in leicht verdaulichen Häppchen »aufgefahren«. Mit der Folge, dass die auf dem Sofa empfangene aufgefahrene Welt der Fernsehbilder, ihn allmählich lebenspraktisch unerfahren werden ließ. Die echte Welt wurde mehr und mehr auf ihre »Erfahrungswürdigkeit« geprüft, wobei sich der medial überfütterte Eremit prinzipiell »erfahrungsunbedürftig zu Hause« (AM I: 115) vorfand. Anders spricht in diesem Zusammenhang auch von Arbeit im privaten Raum. Seine Tätigkeit ist der tägliche passive Konsum der Bilder. Das Produkt seiner Arbeit ist er selbst: er ist zum Massenmenschen geworden. Produktion und Konsum fallen bei ihm zusammen. Er ist »Heimarbeiter« im Sinne einer betrieblichen Anstellung. Unterdessen verliert die medialisierte Welt an Distanz. Anders nimmt dabei die »Ortlosigkeit« späterer Medientheorien vorweg. Fernes rückt ganz nah, Nahes – wie der reale Nachbar – entfremdet sich zusehends.

Als Folge der Distanzauflösung diagnostiziert er eine unwiderrufliche und umfassende »Verbiederung« der Welt. Mit dem Wegfall von realer Fremde erfährt der Einzelne die »Pseudofamiliarisierung« mit allem und jedem. Der Mensch ist »auf du« mit der ganzen Welt. Für Anders »gibt es keine Sendung, der diese Du-Qualität fehlte; kein ins Haus geliefertes Wesen, das sie nicht ausstrahlte« (AM I: 118). Mit der Beobachtung dieser Mechanismen ahnte Anders bereits die weitreichende Eigendynamik der medialen Wirkungseffekte, denen der Einzelnen nicht mehr (oder nur noch punktuell) entkommen konnte.

3. Das digitale Apriori und das existenzialistische Summen ohne Bedeutung

Die medialen Wirkungseffekte sind heute gewaltiger denn je. Sie haben etwas Klaustrophobisches an sich. Allein das Ansinnen, das Smartphone oder den Laptop als »musts«, also »Muss-Käufe« (AM I: 172), zu umgehen, also den angebotenen Geboten nicht nachzukommen, verfrachtet den Einzelnen heute zwangsläufig in eine Außenseiterrolle, die nicht ohne schwerwiegende Folgen auf persönlicher, sozialer, sowie (vor-)schulischer und beruflicher Ebene bleiben können.

Dem steht der existenzielle Lebensentwurf des Individuums nach Jean-Paul Sartre gegenüber. Für ihn ist das »nein« sagen können von zentraler Bedeutung – genauer: die Fähigkeit zum Verneinen bestimmter allgemein gültiger Vorgaben seiner Gegenwart. Das von Heidegger übernommene »Nichtende«, das Sartre mit »Néant« übersetzt, bezeichnet eben dieses Verneinen-Können, das den Menschen erst zum freien Wesen macht. Der einengenden Tatsache, sich in einer Welt vorzufinden (dem »Ansich«), die nicht vom Einzelnen gewählt, nicht Ergebnis einer freien Entscheidung ist, steht die Bestimmung des Individuums zur Freiheit gegenüber. Es kann – mit Mut und Anstrengung – zum Vorfindlichen, in das es hineingeboren wurde, »nein« sagen und sich selbst zum »Für-sich« machen.

Heute wird jeder Mensch in seine Digitalität hineingeboren. Sie ist das Vorfindliche, das sich jedoch nicht verneinen lässt. Auch die den Anwender:innen zukommende emotionale Situation lässt sich nicht negieren. Der »Ekel« vor der mit Emoticons durchsetzten Sprache via Echtzeitmessenger und Social Web muss als konstitutives Element der Entwicklung angesehen werden. Er kommt gegenwärtig einem jeden zu. Nicht nur der Ekel vor dem Inhalt, also dem Sprachregress, ist hier zu nennen. Vielmehr ist für viele die primäre mediale Emotion die Beschämung vor der beständigen feingepixelten Verdinglichung des Selbst und des Anderen.

Für Sartre ist die objektivierende Wirkung der fremden Blicke bereits ohne Smartphone im »always-on« Modus ein Problem. Bei ihm sind bereits eine Menge Leute auf der Welt in der Hölle, »weil sie zu sehr vom Urteil anderer abhängen« (Sartre 1986: 61). Die der Digitalisierung inhärenten Logiken der Transparenz und Beobachtung zwingen jede Anwender:in in die Rolle des permanent beobachteten und beurteilten. Sie zu verneinen kommt gegenwärtig ebenfalls einem Wagnis gleich, das zu Isolation und Erfolglosigkeit führen kann.

Nehmen wir ein bekanntes Zitat aus Sartres Roman *Der Ekel* um die Ideen der Unfestgelegtheit und negativen Intentionalität von Anders in unsere digitalisierte Welt zu übertragen: »Ich war zufällig erschienen, ich existierte wie ein Stein, eine Pflanze, eine Mikrobe. Mein Leben wuchs aufs Geratewohl und in alle Richtungen. Es gab mir manchmal unbestimmte Signale; dann wieder fühlte ich nichts als ein Summen ohne Bedeutung« (Sartre 1981: 131). Das zutiefst existenzialistische »Summen ohne Bedeutung« wird heute Nonstop vom unmerklichen Summen der Apparate begleitet. Und dies steht paradigmatisch für die Grundkondition des Lebens im 21. Jahrhundert: Es gibt keinen Standort mehr außerhalb des Getriebes. Das »zufällige Erscheinen«, das »in alle Richtungen wuchs« findet heute in Koexistenz zur ominösen Digitalität statt.

Anders spricht schon zu seiner Zeit von einer sonderbaren Eigendynamik, die dem damaligen Gerätesystem (bestehend aus Radio, Schwarz-Weiß-Fernsehen und Printmedien) innewohnte: Geräte, die »teils die Bedürfnisse anderer Geräte« befriedigen, teils durch ihr eigenes Dasein »anderen Geräten wiederum Bedürfnisse nach neuen Geräten« (AM I: 2) aufzwingen. Noch lange vor der App-Kultur unserer Tage, erkannte Anders bereits in der den Menschen umgebenden Medientechnik eine eigene autonom waltende Entität, der dieser nicht mehr gewachsen war. Diese Wirkung bleibt aber gewöhnlich unsichtbar und macht uns zu Wesen, die »blindlings an den Geräten vorbeileben« (AM II: 424).

Verbiederung, Nivellierung der Inhalte und das Bestellen von Bestellbarem

An einem kommt der heutige Mensch nicht vorbei: an Bildern. Der Konsum der medial aufgefahrenen Bilderwelt kam für Anders einer festen Anstellung gleich. Er entwickelte parallel zur Heimarbeit am Fernsehgerät die Theorie der medialen Verbiederung. Zu den Quellen der Verbiederung zählt er zum einen die Verwischung der Trennlinien zwischen nah und fern, unbekannt und bekannt. »Wenn alles und jedes, gleich ob fern oder nah, mir nahesteht, wenn alles und jedes das gleiche Recht beanspruchen kann, seine Stimme zu erheben und gleich familiär von mir aufgenommen zu werden; wenn jeder Bevorzugung bereits das Odium des Privilegs anhängt, dann ist damit, gewiss unbewusst, ein strukturell demokratisches All unterstellt, ein Universum, auf das die [...] Prinzipien der Gleichberechtigung und der Toleranz Aller angewandt sind« (AM I: 121).

Das »Odium des Privilegs« lässt sich dabei direkt auf den YouTube-Algorithmus übertragen. Egal ob Kätzchen-Video oder die in Zeitlupe feilgebotene Explosion eines Fahrzeugs im Ukraine Krieg – beide Videos erhalten die gleiche Prominenz innerhalb des Settings. Beides wirkt gleichermaßen berücksichtigungswürdig. Das »demokratische All« verweist genau auf diese nivellierende Wirkung, die Anders noch im Kontext seiner Kritik am Fernsehen seiner Zeit (also einer Handvoll Sender mit überschaubarem Programm in Schwarz-Weiß) beobachtete. Distanzlosigkeit und die Neutralisierung der Inhalte sind zwei hochaktuelle Effekte der Digitalisierung.

Anna Kouppanou charakterisiert Facebook und andere soziale Medien in ihrem Buch *Technologies of Being in Martin Heidegger: Nearness, Metaphor and the Question of Education in Digital Times* als neue Technologien der Nähe – »technologies of nearness« (Kouppanou 2017: 205). Sie sieht das »Dasein« bei Heidegger über die digitalen Portale erweitert – »Dasein's extensions into the virtual realm« (ebd. 206). Der Einfluss der digitalen Vernetzung auf das Innenleben der User:innen ist auch bei ihr unausweichlich. Kouppanou betont die Janusköpfigkeit der scheinbar »freien« Softwares, die zuweilen tief in den Alltag integriert werden. Die »Distanzlosigkeit« oder »Nähe« sei für die User:innen teuer erkauft. » (It) makes them exploitable by markets and limitedly constructed by pre-set selection criteria that define the user's perception« (ebd. 220). Der Heimarbeiter bei Anders erfährt erst heute über Social Media die »Pseudofamiliarisierung« mit allem und jedem.

Der Platz selbst, also der freie Raum der Welt, unterliegt im Digitalzeitalter einer neuen Form des »Zeugzusammenhangs«. »Der Platz und die Platzmannigfaltigkeit dürfen nicht als das Wo eines beliebigen Vorhandenseins der Dinge ausgelegt werden«. Was Heidegger hier beschreibt ist die Technifizierung des konkreten Weltzugangs. Nicht mehr die Kontingenz der Erscheinungen regt zum Sinnieren über das Sinnlose ein, sondern alles hat seine Funktion und seinen technisch gesehen richtigen Platz. Der Baum ist da, damit er Sauerstoff erzeugt.

Seine Gedanken lassen heute, in Zeiten von GoogleMaps, eine neue Lesart zu. Alles – selbst das Himalaya Gebirge und der Pazifik – steht an seinem hochfrequent verrechneten Platz. Denn »der Platz ist das bestimmte ›Dort‹ und ›Da‹ des Hingehörens eines Zeugs« (SZ: 102). ›Da‹ und ›Dort‹ ist es über den allzeit bereiten Bildschirm vereinnahmbar. Man kann es immer ansehen und doch auch jederzeit wegklicken. Die Welt wird mit der spontanen Hotelbuchung auf ganz konkrete Weise »bestellfähig«. Wie wenig neutral hier die digitale Maschinerie einen bestimmten Weltbezug herstellt lässt sich nur andeuten. Das, was Heidegger einst als »Zuhandenheit« beschrieb, wird heute – always on – zum waltenden Lebensmodus. Das Wesen der Technik tritt hier ganz offen zu Tage. Es ist das »Bestellen von Bestellbarem« (TK: 17), das als Prinzip via Instagram seine Perversion erfährt.[13]

Schlussbetrachtungen

Nigel Thrift sprach schon in den frühen 2000ern unter Bezugnahme auf Heidegger von technischen Lebenshintergründen, die prinzipiell unhinterfragt blieben: »Jede menschliche Aktivität hängt von einem unterstellten Hintergrund ab, dessen Gehalt kaum hinterfragt wird: Er ist da, weil er da ist. Er ist gleichsam die Oberfläche, auf der

---

13　Mit der »Instagramability« bezeichnet man das Anlegen von App-spezifischen Qualitätsstandards an ein vorgefundenes Fotomotiv. Der Upload eines Fotos von einem »instagramablen« Ort auf der Welt, an dem sich die User*innen befindet, ist zu einer Art Massenphänomen geworden. Das Ziel dabei ist, sich selbst als etwas Besonderes zu vermarkten. Je außergewöhnlicher, fotogener und somit »instagramabler« desto mehr Likes. Der Ort ist dabei nur Mittel zum Zweck der Like- und Followermaximierung. (Diener 2018).

das Leben dahingleitet. Einstmals mag der Großteil dieses Hintergrundes aus Entitäten bestanden haben, die in einer ›natürlichen Ordnung‹ existierten, also aus der ganzen Bandbreite der Wechselfälle der Erdoberfläche von der Berührung durch Luftzüge, dem Jucken der Bekleidung, bis zu Veränderungen am Himmel. Über die Zeit wurde dieser Hintergrund mit mehr und mehr ›artifiziellen‹ Bestandteilen ausgefüllt, so dass unter den gegenwärtigen Umständen viel von diesem Lebenshintergrund von ›zweiter Natur‹ ist, die künstliche Entsprechung des Atems, Straßen, Beleuchtung, Leitungen, Papier, Schrauben, und Ähnliches konstituieren die erste Welle der Artifizialität. Nun erscheint eine zweite Welle zweiter Natur, die ihre flüchtige Präsenz durch so unterschiedliche Objektgestelle wie Kabel, Formeln, Funksignale, Bildschirme, Software, Kunstfasern etc. ausweitet« (Thrift 2004: 584f.).

Die von Thrift beschriebene zweite Welle zweiter Natur deutet etwas an, das in der vorliegenden Arbeit zentrale Bedeutung hat: Die Allgegenwärtigkeit und Intensität der Computerisierung macht Technik erst heute, knapp 70 Jahre nach den hier fokussierten Veröffentlichungen von Heidegger und Anders, zum alternativlosen Weltbezug. Im Computerzeitalter lässt sich die für damalige Verhältnisse (gewollt) übertriebene Aussage von Anders mit aller gebotenen Nüchternheit unübertrieben in den Raum stellen: Ein heutiges »An-der-Maschine-Vorbeiexistieren« (AM II: 113) ist faktisch unmöglich geworden.

Man kann sich der Computertechnik buchstäblich nicht mehr entziehen. »Die Geworfenheit des Daseins« (SZ: 412) bei Heidegger wird so zur Geworfenheit in die zweite Welle zweiter Natur: Die Touchscreens, Akkumulatoren, Ladekabel, Router, Benutzeroberflächen, Icons, Apps, Downloads, Updates, Ordner und Unterordner, persönliche Hotspots, Playlists, Emoticons, Chatverläufe, Chroniken, Profilbilder, Sprachnachrichten, Statusmeldungen, Systemeinstellungen. Die Liste könnte noch sehr lange weitergehen. Jeder ist mit den identischen technischen Umgebungen beschäftigt und macht, mit leichten situationsbedingten Abweichungen, dasselbe. Die Unfestegelegtheit des Menschen nach Anders verwandelt sich damit in eine technisch uniformierte Festgelegtheit.

Die »Seinsvergessenheit« und das grenzenlose technische »Sichauskennen« (TK: 12) bei Heidegger manifestieren sich heute in den informationellen Weiten via Google. Technisch ist im Grunde alles da, zu jeder Zeit. Alles ist bestellbar und konsumierbar. Von einer neutralen Technik kann spätestens hier nicht mehr gesprochen werden. Die Apparate als undurchsichtige Black Boxes, hinter denen die Tech-Giganten Daten sammeln, die algorithmisierten Bubbles, der unendliche Zwang zum Update, (die Liste könnte auch hier lange weiter gehen) – das »In-der-Welt-sein« findet innerhalb programmierter Umwelten, bestehend aus »Sensoren, Filtern und Profilen« (Morozov 2016: 24) statt.

Von der Neutralität von Technik auszugehen – wie eingangs mit Karl Jaspers' paradigmatischer Äußerung veranschaulicht – ist insofern ein Luxus, den wir uns nicht mehr leisten können. Denn sie vereinfacht eine höchst komplexe Gemengelage widersprüchlicher Faktoren. Der Mensch bringt Technik hervor und wird von ihr, wenn sie den Sprung zur kollektiven Normalität erreicht hat, so stark durchdrungen, dass die Technik selbst einen neuen Menschentypus hervorbringt. »Eine Technik stellt [...] immer bestimmte Optionen bereit und prädeterminiert so spätere Entscheidungen. [...] Allein ihre Existenz gibt den Plänen eine bestimmte Richtung« (Müller 2010: 45). Sie prägt mit ihrer inneren Form und Logik (vgl. Müller 2014: 14).

Gleichzeitig befindet sich die Menschheit in beständiger Nähe zu den Apparaten. Im »Always-on«-Modus ist das Mensch-Maschine-Interface (nach Kittler) allgegenwärtig. Die negative Intentionalität der Technik nach Anders erhält spätestens mit den »Persuasive Technologies« (Fogg 2003) eine neue Dimension. Technik ist gerade hier schon eine entschiedene, fremdgesteuerte Art der Weltauslegung. Wer Technik als neutrales Mittel abtut, vergisst, dass exakt diese verharmlosende Geste das Technische selbst zum vorherrschenden Weltbezug erhebt. Wenn Technik nur Mittel ist, dann werden die technischen Imperative zur waltenden Ideologie. Dann entpuppt sich das »Erdreich [...] als Kohlenrevier, der Boden als Erzlagerstätte.« Die Natur wird dann zum Energie- und mit ihr der Fluss zum Wasserdrucklieferanten. Es ist dann nicht mehr das Wesen der Welt, das Wesen der Dinge in ihr und »das Insichruhen dieser, in der ihr eigenen Welt« (HW: 304).

Die technische Ausrichtung der Menschheit wird insofern auch zum konkreten existentiellen Problem. »It becomes dangerous once we take on an instrumental mindset and destroy the world in the process. The environment is a clear victim of instrumentality, as we suck up natural resources and disregard the damage done in the process« (Baez 2021). So äußert sich Elle Baez im Rewired Magazin der Stanford Universität mit klaren Bezügen zu Heidegger. Mit dem Fazit in Oliver Christs Essay mit dem Titel *Martin Heidegger‹s Notions of World and Technology in the Internet of Things Age* soll auch hier zur weiterführenden Untersuchung der Aktualisierungspotentiale der Philosophien Heideggers und Anders' ermutigt werden. »The threat to man does not come in the first instance from the potentially lethal machines and apparatus of technology. The actual threat has already affected man in his essence. The dominance of the ›Ge-stell‹ threatens man with the possibility that it could be denied to him to enter into a more original revealing and hence to experience the call of a more primal truth« (Christ 2015: 63).

Die Fragwürdigkeit der technischen Situation des Menschen muss im Konvolut der unendlichen technischen Anwendungszusammenhänge immer wieder aufs Neue thematisiert werden. Warum? Weil es um Selbsterkenntnis geht. Das technisch Unbewusste, die mannigfaltigen Effekte aus der Symbiose von Mensch und Digitaltechnik, müssen in den freien Raum der diskursiven Reflexion geholt werden, weil es in Zukunft immer mehr darum gehen wird, nach dem zu fragen, was der Mensch inmitten seiner selbstgeschaffenen technoiden Kultur eigentlich sei.

Literaturverzeichnis

Adorno, Theodor W.; Horkheimer, Max (2011). Dialektik der Aufklärung. Philosophische Fragmente, Frankfurt a.M.: Suhrkamp.

Anders, Günther (1994). Die Antiquiertheit des Menschen Band I. Über die Zerstörung des Lebens im Zeitalter der dritten industriellen Revolution, München: Beck. (Zit. AM I).

Anders, Günther (1988). Die Antiquiertheit des Menschen Band II. Über die Seele im Zeitalter der zweiten industriellen Revolution, München: Beck (Zit. AM II).

Anders, Günther (2018). Die Weltfremdheit des Menschen. Schriften zur philosophischen Anthropologie, München: Beck. (Zit. WfM).

Anders, Günther (1993). Mensch ohne Welt. Schriften zur Kunst und Literatur, München: Beck. (Zit. MW).

Anders, Günther (2003). Die atomare Drohung. Radikale Überlegungen zum atomaren Zeitalter, München: Beck. (Zit. AD).

Anders, Günther (1983). Gegen ein neues und endgültiges Nagasaki, München: Beck (Zit. GN).

Angerer, Marie-Luise (2022): Nicht-bewusst: Affektive Kurzschlüsse zwischen Psyche und Maschine, Berlin: Turia + Kant.

Baez, Elle (2021). What Technology Reveals. https://stanfordrewired.com/post/what-technology-reveals (01.11.2023).

Benjamin, Walter (1974): Über einige Motive bei Baudelaire. In: Abhandlungen. GS 1.1. Frankfurt a.M.: Suhrkamp.

Christ, Oliver (2015). Martin Heidegger's Notions of World and Technology in the Internet of Things age, in: Asian Journal of Computer and Information Systems, Volume 03 – Issue 02, April 2015. Pages 58–64.

Diener, Andrea (2018). Social Media Stress. Instagrammable, https://www.faz.net/aktuell/feuilleton/instagrammable-ist-der-neue-hype-im-tourismus-15854387.html (13.12.2024).

DWDS – Online. Human Engineering. https://www.dwds.de/wb/Human%20Engineering (01.11.2023).

Dyson, Esther (2024). TL;DR Shorts: Esther Dyson on whether all tech is good, techhttps://www.digital-science.com/tldr/article/tldr-shorts-esther-dyson-on-whether-all-tech-is-good-tech/ (01.11.2023).

Ellensohn, Reinhard (2008): Der andere Anders. Günther Anders als Musikphilosoph. Frankfurt a.M.: Peter Lang.

Etzioni, Oren nach Inengite, Denis (2019). What is Artificial Intelligence?, https://inengite.medium.com/artificial-intelligence-an-introduction-7c875c1ca495 (01.11.2023).

Fogg, Brian Jeffrey (2003). Persuasive Technology: Using Computers to Change What We Think and Do. Amsterdam, Boston: Morgan Kaufmann Publishers.

Hegel, Georg Wilhelm Friedrich (1970). Phänomenologie des Geistes. Frankfurt a.M.: Suhrkamp.

Heidegger, Martin (2006). Sein und Zeit. Tübingen: Max Niemeyer Verlag. (Zit. SZ).

Heidegger, Martin (1982). Die Technik und ihre Kehre. Pfullingen: Günther Neske. (Zit. TK)

Heidegger, Martin (1987). Einführung in die Metaphysik, Tübingen: Max Niemeyer Verlag. (Zit. EM)

Heidegger, Martin (1978). Wegmarken. Frankfurt a.M.: Vittorio Klostermann. (Zit. WM).

Heidegger, Martin (1975). Grundfragen der Philosophie. Ausgewählte ›Probleme‹ der ›Logik‹. Freiburger Vorlesung vom Wintersemester 1937/38. Gesamtausgabe Band 45 (Hrsg. F.-W. v. Hartmann). Frankfurt a.M.: Vittorio Klostermann. (Zit. GrP).

Heidegger, Martin (2000). Die Frage nach der Technik. Vorträge und Aufsätze. In: Gesamtausgabe I. Abteilung: Veröffentlichte Schriften 1910–1976, Band 7, Frankfurt a.M: Vittorio Klostermann. (Zit. FT).

Hildebrandt, Helmut (1990). Weltzustand Technik. Ein Vergleich der Technikphilosophien von Günther Anders und Martin Heidegger. Berlin: Metropol.

Jaspers, Karl (1982). Die Atombombe und die Zukunft des Menschen. München: Beck.

Jaspers, Karl (1983). Vom Ursprung und Ziel der Geschichte. München: Beck.

Kireev, Maxim (2024). Warum Putin mit Atomkrieg droht, https://www.zeit.de/politik/ausland/2024–11/neue-russische-nukleardoktrin-wladimir-putin-atacms-ukraine   (13.12. 2024).

Kittler, Friedrich (2011). Optische Medien. Berliner Vorlesungen 1999. Berlin: Merve.

Kouppanou, Anna (2017). Technologies of Being in Martin Heidegger: Nearness, Metaphor and the Question of Education in Digital Times. London: Routledge.

Langenscheidt Online Eintrag zu »Computare«, https://de.langenscheidt.com/latein-deutsch/computare (13.12.2024).

Liessmann, Konrad Paul(2002). Günther Anders – Philosophieren im Zeitalter der technologischen Revolutionen. München: Beck.

Liessmann, Konrad Paul (2001). Heidegger Technik-Kritik:Von Menschen und Technik: Von der Apokalypse-Angst zur Euphorie. https://www.tagesspiegel.de/kultur/von-menschen-und-technik-von-der-apokalypse-angst-zur-euphorie-763861.html (13.12.2024).

Liessmann, Konrad Paul (2010). Das Universum der Dinge. Ästhetik des Alltäglichen. München: Hanser.

Morozov, Evgeny (2016). Eine humane Gesellschaft durch digitale Technologien? Frankfurt a.M.: Klartext Verlag.

Müller, Oliver (2010). Zwischen Mensch und Maschine: Vom Glück und Unglück des Homo faber. Frankfurt a.M.: Suhrkamp.

Müller, Oliver (2014). Selbst, Welt und Technik. Eine anthropologische, geistesgeschichtliche und ethische Untersuchung. Berlin/Boston: DeGruyter.

Pitt J. C. (2014). «Guns Don't Kill, People Kill"; Values in and/or around Technologies. In The Moral Status of Technical Artifacts, edited by Kroes P., Verbeek P. P., 89–101. Dordrecht, the Netherlands: Springer.

Sartre, Jean-Paul (1981). Der Ekel. Reinbek: Rowohlt.

Sartre, Jean-Paul (1986). Geschlossene Gesellschaft. Reinbek: Rowohlt.

Sartre, Jean-Paul (2010). Das Sein und das Nichts. Reinbek: Rowohlt.

Schmitt, Peter (2020). Medienkritik zwischen Anthropologie und Gesellschaftstheorie. Zur Aktualität von Günther Anders und Theodor W. Adorno, Paderborn: Wilhelm Fink.

Seubert, Harald (2019). Digitalisierung: Die Revolution von Seele und Polis. Baden-Baden: Nomos.

Seubert, Harald; Neugebauer, Klaus; Massa, Manuela (2021). »… wo aber Gefahr ist …«: Heidegger und die Philosophie der planetarischen Technik. Freiburg: Karl Alber.

Thrift, Nigel: Movement-Space: The Changing Domain of Thinking Resulting from the Development of new kinds of Spatial Awareness. In: Economy and Society 33, 2004. (Übers. von E. Hörl). In (Hg.) Hörl, Erich: Die technologische Bedingung. Frankfurt a.M., 2011.
Thrift, Nigel: Remembering the Technological Uncouncious by Foregrounding Knowledges of Position. In: Knowing Capitalism. London, 2005. (Übers. von E. Hörl). In (Hg.) Hörl, Erich: Die technologische Bedingung. Frankfurt a.M., 2011.

Stefan Krankenhagen

Das Material des Populären*

ABSTRACT: Popular culture, according to my thesis, has offered aesthetic responses to the excessive abundance of commodities and things since its historical emergence in the mid-19th century, particularly in the first half of the 20th century. Accordingly, this article attempts to describe specific qualities of popular things that represent conditions and consequences of mass culture which in turn stem from processes of medialization, individualization, and economization that have been intertwining since the late 19th century, making popular culture possible in the first place. In dealing with commodities in mass culture, as it will be shown exemplarily in a parallel reading of Georg Simmel and Laurel & Hardy, the history of the devaluation of mass culture is always also reflected. However, in the material effects of popular culture, a bodily- and proximity-oriented handling of the abundance of things could thus be observed, constituting the late modern subject rather than threatening it. To put it simply: If mass production and mass culture was and still is the challenge for the concept of bourgeoise culture, then popular and pop culture is the marketplace through which abundance turns into entertainment. In this sense, ChatGPT could also be understood as a reaction to and adaptation of the growing abundance, namely of scientific text production among others. As an experiment it will be argued that ChatGPT can be described as a specific answer, which turns quantities into qualities.

KEYWORDS: Popkultur, Materialität, Dinge, Massenkultur, ChatGPT

1. Eine Vaselinetube

Es gibt eine Art Urszene der Beschäftigung mit Dingen in den Theorien der Popkultur. Sie findet sich in der Einleitung zu Dick Hebdiges *Subculture. The Meaning of Style* von 1979. Dort macht sich Hebdige Gedanken über eine Vaselinetube, die den jungen Jean Genet in einer Polizeirazzia als homosexuell enttarnt. Hebdige schreibt:

Wie Genet machen uns die banalsten Objekte neugierig – Sicherheitsnadeln, spitze Schuhe, ein Motorrad – die trotz ihrer scheinbaren Banalität wie die Vaselinetube – eine

---

* Der Aufsatz ist die überarbeitete Fassung des Keynote-Vortrags, den ich auf der achten Jahrestagung der Kulturwissenschaftlichen Gesellschaft (KWG) im September 2023 an der Universität des Saarlands gehalten habe. Der gesprochene Ausdruck ist geglättet, aber nicht vollständig zurückgenommen worden. Der Vortrag wiederum hat sich bei Kapiteln aus meinem Buch All these things. Eine andere Geschichte der Popkultur bedient (Stuttgart: Metzler 2021) sowie aus einem Text zum Komischen des Populären, der in der Zeitschrift für Theaterpädagogik (Oktober 2023) veröffentlicht ist. So viel zur (mitverschuldeten) Überproduktion in den Wissenschaften, die noch Thema dieses Aufsatzes sein wird.

symbolische Dimension annehmen, zu einer Art Brandmal werden, zu Kennzeichen eines selbst auferlegten Exils. [...] Auf der einen Seite warnen diese Objekte die normale Welt im voraus vor einem unheilverkündenden Etwas – dem Anderssein – und ziehen vage Verdächtigungen, verklemmtes Gelächter, ›stumme, vielleicht eine wenig höhnische Wutausbrüche‹ auf sich. Auf der anderen Seite werden sie für jene, die sie als Kennzeichen aufstellen und als Worte oder Flüche benutzen, zu Zeichen einer verbotenen Identität, zur Quelle von Werten.[1]

Ich halte an dieser Szene und ihrer Interpretation vieles für richtig und denke dennoch, dass sie dem Nachdenken über das Material des Populären an einigen Stellen eine falsche Richtung gewiesen hat. Wenige Theoretiker:innen haben so intensiv wie Hebdige die semantische Beziehung zwischen Alltagsdingen (eine Vaselinetube), ihrer semiotischen Aufladung (Homosexualität) und ihrer kulturellen Bedeutung (gegenkulturelle Identität: das ›Anderssein‹) im Hinblick auf ästhetische Stilfragen verhandelt: Mit und durch Hebdige (aber auch Susan Sontag, Leslie Fidler, Roland Barthes) wird Stil in den 1970er Jahren bedeutend und Bedeutung selbst wird zur Stilfrage. Kaum ein Genre hat das zur selben Zeit so ausgekostet wie etwa Glam Rock. Lippenstift, Federboa, Glitzeranzug: Im Glam-Rock dienten die Dinge als Requisiten für gegenkulturelle, vor allem sexuell abweichende, Identitätsentwürfe.[2] Das Genre erinnerte die Popmusik an ihre doppelte Herkunft: Nicht nur popular sollte sie sein, sondern auch so süß und klebrig, so bunt und verlockend wie ein Lollipop oder eine aufpoppende Sodaflasche in den Pop-Art-Collagen von Richard Hamilton und Eduardo Paolozzi.

Der Blick auf temporäre Stilgemeinschaften wie den Glam Rock oder Punk prägte die Theorien der Popkultur und ihren Blick auf Materialitäten in dieser Zeit und er prägt sie bis heute. Mit Hebdige und anderen wurde der Dynamisierung kultureller Sinnfragen Rechnung getragen: Fixierte Bedeutungen von fixierten Zeichen wurden zu kontingenten Bedeutungen kontingenter Zeichen. »Die traditionelle Semiotik«, so Hebdige in seinem Buch, in dem er bekanntermaßen Punk und Avantgarde zusammen denkt, »hat ja ihren Ausgangspunkt in der Vorstellung einer in einem Zeichen mitgeteilten Botschaft. [...] Bei der Punk Subkultur scheinen wir mit einer so festen Zuordnung falsch zu liegen. Jeder Versuch, aus dem hier zu findenden, scheinbar unbegrenzten und oft anscheinend willkürlichen Spiel der Zeichen eine endgültige Gruppe von Bedeutungen herauszuziehen, ist offenbar zum Scheitern verurteilt«.[3] Anders formuliert: Kein Ding hat nur eine, schon gar keine normative Referenz. Durch Umwertung und Neubesetzung, durch Kombination und Montage als je innovative

---

1   Hebdige, Dick (1983): Subculture. Die Bedeutung von Stil. Reinbek bei Hamburg: Rowohlt, S. 9.
2   Vgl. Auslander, Philip (2006): Performing Glam Rock. Gender and Theatricality in Popular Music. Ann Arbor: University of Michigan.
3   Hebdige: Subculture, 108 f.

Signifikationspraktiken haben die Subkulturen die semantische Beziehung zwischen Dingen und ihrer Bedeutung entscheidend dynamisiert und zu einem komplexen Verständnis der kulturellen Bedeutungsproduktion des Populären beigetragen.

Dabei bleiben allerdings zwei Erkenntnismöglichkeiten, so scheint es mir, unterbelichtet. Zum einen die selbstreflexive Erkenntnis, dass die Theorien der Popkultur seit den späten 1960er Jahren an der kapitalistischen Produktionslogik teilhaben, die sie selber so ausführlich kritisieren. Denn als offensichtliches Ergebnis jener semiotischen Dynamisierung steigt die Warenpalette der Bedeutungsproduktion beträchtlich an. Je mehr Zeichen und Zeichenkombinationen auf ihre mögliche Entzifferung warten, je mehr Beschäftigung findet der akademische Diskurs genau darin, sie zu dechiffrieren. Odo Marquard hat die Semiotik und ihre Ableger deshalb als »Code-Knacker« bezeichnet, die, so ergänze ich, ihre polysemen Codes selber produzieren können. In den 1970er Jahren haben sich die Poptheorien somit eine nicht mehr versiegende Quelle der feinen und feinsten Unterschiede geschaffen, die alle etwas bedeuten und deren symbolischer Wert ad Infinitum ausgedeutet wird. Diese Steigerungslogik in der Wissensproduktion führt zu einer Entkoppelung zwischen Theorien und ihrem Material, der sich seit langem auch globale Industrien gekonnt bedienen, wie es im Sommer 2023 etwa an dem Blockbuster *Barbie* auffällig geworden ist. Dass derart intensiv über die Frage diskutiert wurde, ob jener Film feministisch oder anti-feministisch sei, verhüllt die Erkenntnis, dass genau die Möglichkeit, eine solche Frage anhand der ästhetischen Inszenierung des Films zu stellen, der popkulturellen Dynamisierung von Bedeutungsproduktion als einer Stilfrage zu verdanken ist. Der symbolische Überbau ist längst zur Basis der Produktion geworden und referenzielle Selbstironie wie in *Barbie* ist dabei das gängigste – und oftmals das plumpste – ästhetische Mittel.

Zum anderen verengt sich der Blick damit nicht nur auf die Subkulturen bzw. darauf, auch dem so genannten Mainstream gegenkulturelles Potential zuzuschreiben, sondern er verengt sich auf die einzelnen und besonderen Dinge, auf *eine* Vaselinetube, um im Bild zu bleiben. Die Dinge werden heute – um nur einige Titel der letzten Jahre zu zitieren – als »fremde Dinge«, in ihrem »Eigensinn« oder ihren »Grenzen der Verfügung« theoretisiert.[4] Das sind für sich genommen relevante Perspektiven aus den Kulturwissenschaften, deren Stoßrichtung übertragbar ist: Die Popkulturtheorie hat sich der Materialität der Dinge kaum anders angenommen, als dass sie jene als solitäre Zeichen der Differenzproduktion liest.[5]

---

4   Frank, Michael C./ Gockel, Bettina/ Hauschild, Thomas/, Dorothee Kimmichet/ et al. (2007): Fremde Dinge – Zur Einführung. In: Zeitschrift für Kulturwissenschaften, Nr. 1, S. 9–15; Hahn, Hans Peter (Hrsg.) (2015): Vom Eigensinn der Dinge. Für eine neue Perspektive auf die Welt des Materiellen. Berlin: Neofelis Verlag; Ecker, Gisela/ Breger, Claudia/ Scholz, Susanne (Hrsg.) (2002): Dinge – Medien der Aneignung. Grenzen der Verfügung. Sulzbach/Taunus: Ulrike Helmer Verlag.

5   Nadja Geer hat auf die Verbindung von Popkulturtheorie und einem männlich performten

Wie aber stellt sich die Lage dar, wenn man auf die vertrauten, verfügbaren und nicht zuletzt auf die unüberschaubar vielen Dinge blickt, die den Alltag in den Überflussgesellschaften der Industrie- und Dienstleistungsnationen weltweit prägen? »An die Stelle von Gesellschaftsbildung durch Not tritt Gesellschaftsbildung durch Überfluß«, hält Gerhard Schulze in seiner Studie zur spätmodernen »Erlebnisgesellschaft« prägnant fest.[6] Die Menschen der Spätmoderne umgeben sich in ihrem Leben mit mehr als zehntausend verschiedenen Dingen, fast alle davon sind käuflich und die wenigsten besonders. Von nur einem einzigen technischen Gerät wie der Spielekonsole Switch sind im Jahr 2022 mehr als 23 Millionen Stück produziert worden. Pluralität und Quantität bestimmen unsere Dingwelt. Es wäre abwegig zu behaupten, ein Einzelner (oder eine einzelne Theorie) könnte diese Massendinghaltung sinnvoll kontrollieren, systematisieren oder reduzieren, es bleiben immer zu viele Dinge, *das* ist das Besondere.

Die Populäre Kultur, so meine These, hat seit ihrem historischen Auftritt Mitte des 19. Jahrhunderts, vor allem aber in der ersten Hälfte des 20. Jahrhunderts ästhetische Antworten auf genau diese Zuviel-Zahl der Dinge angeboten. Entsprechend möchte ich versuchen, Qualitäten populärer Dinge zu beschreiben, die sich in meiner Lesart als Bedingungen und Konsequenzen der Massenkultur darstellen, die sich wiederum aus Prozessen der Medialisierung, der Individualisierung und der Ökonomisierung speisen, wie sie seit Ende des 19. Jahrhunderts ineinandergreifen und die das Populäre überhaupt erst möglich gemacht haben.[7] Wenn die Songs von Billie Eilish bis dato knapp 30 Milliarden Mal abgerufen wurden, dann deshalb, weil durch die integrale Verschränkung von technischen Daten, medialen Selbstbildern und ökonomischen Plattformen immer wieder neu ein popkulturelles Ganzes entsteht. Die Bedingungen dafür sind im 19. Jahrhundert gelegt worden.

Was aber sind dann Populäre Dinge? Sind es beliebte Dinge, die den Zeitgeist widerspiegeln, wie ein Fidget Spinner oder ein Mittwoch-Frosch? Sind es kanonisierte

---

»Narzissmus der kleinen Differenzen (Siegmund Freud) « hingewiesen. Sie plädiert: »Würde man also das anthropozentrische Denken durch ein neues Denken vom und im Material ersetzen, ließe sich der Phallogozentrismus im Pop vielleicht überschreiten.« Geer, Nadja (2010): Pop: Annäherung an ein gegenwärtiges Phänomen. In: POP. Kultur und Kritik 1, Nr. 1, S. 108–115, hier S. 113 und 115.

6 Schulze, Gerhard (1993): Die Erlebnisgesellschaft: Kultursoziologie der Gegenwart. Frankfurt a.M.: Campus Verlag, S. 67.

7 Vgl. aus konsumhistorischer Perspektive die Studie von Frank Trentmann (2017): Herrschaft der Dinge. Die Geschichte des Konsums vom 15. Jahrhundert bis heute. München: Deutsche Verlags-Anstalt. Für die populäre Kultur grundlegend: Hügel, Hans-Otto (2007): Lob des Mainstreams. Zu Begriff und Geschichte von Unterhaltung und Populärer Kultur. Köln: Herbert von Halem Verlag. Aus systemtheoretischer Perspektive zum oben angeführten Zusammenhang: Stäheli, Urs (2007): Bestimmungen des Populären. In: Huck, Christian/ Carsten Zorn (Hrsg.): Das Populäre der Gesellschaft: Systemtheorie und Populärkultur. Wiesbaden: VS Verlag für Sozialwissenschaften, S. 306–321.

Waren, die sich wandeln und doch stabil bleiben wie die Levi's Jeans oder Coca-Cola? Oder sind es gerade die alltäglichen Dinge, die auf spielerische Weise eine neue Funktion erhalten wie eine Plastikflasche, die für den Bottle-Flip genutzt wird? Darum soll es in einem zweiten Schritt gehen.

2. Populäre Dinge

Populäre Dinge stiften Gemeinschaft, sie verbinden das Spektakuläre mit dem Alltäglichen und sie sind untrennbarer Teil und Katalysator einer medial vermittelten Konsumkultur. Vor allem aber sind sie massenhaft vorhanden und dienen dem Vergnügen. Genauer gesagt: Weil die Dinge massenhaft vorhanden sind, werden wir durch sie unterhalten, vergnügen wir uns mit den Dingen, haben wir Spaß an ihnen. Es interessiert mich deshalb, auf welche Weise die Masse an Dingen Unterhaltung produziert, und ich behaupte, dass an den Populären Dingen der Umschlag von Quantität in Qualität, von Masse in Unterhaltung, (be)greifbar wird. Eine einzelne Cola schmeckt nicht – erst das Wissen um das massenhafte Begehren unterhält die und den Einzelnen. Die Popkultur leistet damit etwas, was eigentlich nicht zu leisten ist: als Teil der Masse ein autonomes Selbst behaupten zu können.

Doch der Begriff der Unterhaltung ist nicht selbsterklärend. Was uns unterhält, scheint zu unterschiedlich zu sein, als dass man es auf einen Nenner bringen könnte. Wenn Unterhaltung als das verstanden wird, was unterschiedliche Publika in unterschiedlichen Situationen unterhaltsam finden, wird ihre spezifische Qualität nicht sichtbar und höchstens als Anekdotensammlung erzählbar. Erst wenn Unterhaltung als ein spezifisches Funktionssystem moderner Gesellschaften betrachtet wird, kann es gelingen, allgemeine Kriterien zu definieren.

In dieser Perspektive hat Niklas Luhmann die Funktion von Unterhaltung darin gesehen, »virtuelle Realitäten an sich selbst auszuprobieren – zumindest in einer Imagination, die man jederzeit abbrechen kann«.[8] Was Luhmann an dieser Stelle im Begriff des ›Ausprobierens‹ zusammenfasst, ist dabei nicht als eine je persönliche Wahl zu verstehen, sondern als eine grundlegende Bedingung moderner Gesellschaften, in denen jede und jeder Einzelne »ihre Identität nicht mehr aus ihrer Herkunft beziehen, sondern sie selbst gestalten müssen«.[9] Das ist der entscheidende Punkt: Erst in Gesellschaften, deren stratifikatorische Differenz schrittweise erodiert und »soziale Unterschiede [...] durchlässig werden«[10], müssen Menschen ihre Identität selbst gestal-

---

8 Luhmann, Niklas (1996): Die Realität der Massenmedien. Opladen: Westdeutscher Verlag, S. 111.
9 Luhmann: Die Realität der Massenmedien, S. 111.
10 Helmstetter, Rudolf (2007): Der Geschmack der Gesellschaft. Die Massenmedien als Apriori des Populären. In: Huck, Christian/ Zorn, Carsten (Hrsg.): Das Populäre der Gesellschaft: System-

ten, sofern sie keinem dominanten äußeren Sozialisationsdruck unterliegen, wie es ihn in (neo-)feudalen Systemen, aber auch in diktatorischen oder Armutsgesellschaften gab und gibt. Es besteht somit die – individuelle wie auch gesellschaftliche – Notwendigkeit, sich selbst gestalten zu dürfen oder, anders formuliert: Es besteht die Freiheit, sich permanent selbst gestalten zu müssen.

Unterhaltung ist die Trainingsarena für die Gestaltung des modernen Selbst, der Ort, an dem »alles Dargebotene ganz echt und zugleich unecht ist«[11], wie es der Kulturwissenschaftler Hans-Otto Hügel in seiner umfassenden Theorie der Unterhaltung beschreibt. Voraussetzung dafür ist, dass diese »Schwebe von Ernst und Unernst«[12] von allen Seiten gewusst und anerkannt wird, so wie die Regeln eines Spiels. Wer nicht weiß, dass die Gewalt im Professional Wrestling Teil einer verabredeten Inszenierung der Kämpfenden ist, würde Angst bekommen. Wer nicht glauben will, dass sie für den Moment des Kampfes ernst gemeint ist, würde sich langweilen. Unterhaltung, noch einmal Luhmann, »lebt von selbstproduzierten Überraschungen, selbstaufgebauten Spannungen, und genau diese fiktionale Geschlossenheit ist diejenige Struktur, die es erlaubt, reale Realität und fiktionale Realität zu unterscheiden und die Grenze vom einen zum anderen Bereich zu kreuzen«.[13]

Jene ›fiktionale Realität‹ darf nicht im Sinne von Scheinhaftigkeit verstanden werden, wie sie der Popkultur gerne unterstellt wird. Die *Lindenstraße* oder *Germany's Next Top Model* sind keine Scheinwelten, die mir falsche Wirklichkeiten vorspielen, sondern die Möglichkeit, verschiedene Möglichkeiten (der Lebensbewältigung etwa oder des glamourösen Auftritts) zu unterscheiden und damit als fiktionale oder reale Realitäten einzuordnen, selbständig aber im Rahmen massenmedialer Kommunikationsbeziehungen zu bewerten und performativ nachzuvollziehen. Vom Publikum wird deshalb ein Genre- und Kontextwissen verlangt, das mit der Dominanz popkultureller Artefakte immer selbstverständlicher wird. Nicht zuletzt die sogenannten Paratexte der Unterhaltung, Kommentare, Memes oder Tweets, die in Sekundenschnelle als eine Antwort auf unterhaltende Phänomene und als Unterhaltung selbst produziert werden, zeugen von einem hochgradig geschulten und reflexiven Publikum, das in seiner Bedeutungsproduktion souverän zwischen fiktionaler und realer Realität unterscheiden lernt. Wie so viele Filme der letzten zwanzig Jahre seit *Matrix* und *Truman Show* hat auch *Barbie* jene Differenz selbst in die fiktionale Realität des Films geholt und damit erneut gezeigt, dass die »reflexive Moderne« (Ulrich Beck) ihren Niederschlag vor allem und schon sehr lange in der Popkultur findet.

---

theorie und Populärkultur. Wiesbaden: VS Verlag für Sozialwissenschaften, S. 44–72, hier S. 46.
11   Hügel: Lob des Mainstreams, S. 21.
12   Hügel: Lob des Mainstreams, S. 22.
13   Luhmann: Die Realität der Massenmedien, S. 101f.

Der Blick auf Populäre Dinge eröffnet somit die einleitend formulierte Frage, wie sich gerade aus den Dingen, die massenhaft vorhanden sind, Unterhaltung im beschriebenen Sinne entwickelt. Ich behaupte, dass der Umschlag von der Quantität der Masse in die Qualität der Unterhaltung sich zu einem entscheidenden Teil über die konkreten Möglichkeiten des Materials vollzieht. Populäre Dinge sind in einem ganz direkten Sinn handhabbare Dinge, die uns als Rezipienten somatisch betreffen. Roland Barthes hat für jene Form der Nähebeziehung den Begriff der Proxemie verwendet. Das Wort bezeichnet für ihn, »den sehr begrenzten Raum [...], der das Subjekt unmittelbar umgibt: Raum des vertrauten Blicks, der Objekte, die man mit dem Arm erreichen kann, ohne sich sonst zu bewegen«.[14] An den Dingen der Populären Kultur entfaltet sich eine körperliche Subjekt-Objekt-Beziehung. Anders als museale Objekte zum Beispiel, die auf Distanz gehalten werden müssen[15], entfalten die Populären Dinge eine Praxis der Nähe und des unproblematischen Umgangs mit ihnen. Zwischen Fernbedienung und Smartphone, zwischen Vinyl-Platte und Selfie Stick: Die Dinge ermöglichen, ja erzwingen geradezu, dass wir uns zu ihnen in eine körperlich formierende Beziehung setzen.

Neben der körperlich-subjektiven Beziehungsstiftung, die sich im Gebrauch der Dinge entwickelt, ermöglichen die Dinge der Popkultur aber auch – darauf haben vor allem Arbeiten aus der Kulturethnologie- und Anthropologie hingewiesen[16] – eine informelle Vergemeinschaftung unterhalb regulativer Vergesellschaftungsprozesse und soziopolitischer Kohäsion. Prosaisch formuliert: Sie lassen die Menschen zusammenfinden. In diesen scheinbar banalen Funktionen liegt ihre große sozialpolitische Leistung, wie der amerikanische Kunstkritiker Dave Hickey schreibt:

Insofern sind wir soziale Wesen, denen aufgegeben ist, die Bedingungen der eigenen Soziabilität aus der fragilen Ressource unserer privaten Vergnügungen und geheimen Wünsche heraus zu erschaffen. Daher – in Ermangelung eines treffenderen Begriffs – korrelieren wir. Wir versammeln uns rund um die Ikonen aus der Welt der Mode, des Sports, der Künste und der Unterhaltung wie um eine Feuerstelle. Rund um diese seltsamen Attraktoren ziehen wir unendliche Umlaufbahnen. Wir organisieren uns selbst in nicht-exklusiven Wunschgemeinschaften.[17]

---

14 Barthes, Roland (2007): Wie zusammen leben. Simulationen einiger alltäglicher Räume im Roman (Vorlesungen am Collège de France 1976–1977). Frankfurt a.M.: Suhrkamp, S. 185.

15 Vgl. Krankenhagen, Stefan (2025): Der Auftritt der Dinge. Zu epistemischen und relationalen Objektbegriffen im Museum. In: Matzke, Annemarie/ Otto, Ulf/ Roselt, Jens (Hrsg.): Auftritte. Strategien des In-Erscheinung-Tretens in Künsten und Medien. Bielefeld: Transcript, S. 89–101.

16 Vgl. exemplarisch und viel zitiert: Miller, Daniel (2008): The Comfort of Things. London: Polity Press.

17 Hickey, Dave (2015): Der unsichtbare Drache. Berlin: Merve, S. 100.

Aus dieser Perspektive sind es die Dinge, die die soziale Welt der Subjekte organisieren: Sie sind die Akteure der Versammlung von Menschen und Dingen. Aber jene nicht-exklusiven Wunschgemeinschaften, die Hickey beobachtet, können sich nur dann versammeln, wenn sie ökonomisch zugänglich sind und einen hohen Grad an Eigenähnlichkeit aufweisen. Es sind somit gerade die viel kritisierte Ökonomisierung und Standardisierung der Dinge, ihre potentielle Austauschbarkeit und freie Kombinierbarkeit, die die notwendige soziale und kommunikative Anschlussfähigkeit generieren und garantieren. »Was angeboten wird, steht in mehreren, gestaffelten Formen der Rückkopplung, die sicherstellen, dass es auch gewollt wird«[18], wie Moritz Baßler schreibt. Populäre Dinge sind keine Luxuswaren, auch wenn sie sich, aufgrund des gewachsenen Wohlstands, heute nicht immer in den Preiskategorien des sprichwörtlichen *Penny Magazine* befinden.

Nicht dass damit der Eindruck eines Plädoyers für eine Theorie der Materialität jenseits ihrer Medialität entsteht: Erst wenn der massenmediale Raum mitgedacht wird, lässt sich das Spiel von realer und fiktionaler Realität spielen. Populäre Dinge verlangen nach der Gleichzeitigkeit von handhabbaren und medialisierten Eigenschaften der Dinge, sie oszillieren zwischen konkreter Aneignung und hochgradiger Fiktionalisierung: sie sind reale Fiktionen. Ihr Horizont ist die Massenkultur, die in sich selbst Realität und Fiktion zugleich ist: »›Wenn jemand von einem Buch erführe, daß es von vielen tausend Menschen zu gleicher Zeit gelesen würde‹«, heißt es in der *Gothaische gelehrte Zeitungen* im Jahr 1788, »›so müßte dieses Buch, wenn er auch von dem nützlichen oder schädlichen Inhalt desselben noch gar nichts wüßte, blos dadurch schon eine Aufmerksamkeit auf sich ziehen‹«.[19] Eine Zukunftsvision aus dem späten 18. Jahrhundert, die sich gut hundert Jahre später durch den Kolportage- und Zeitungsroman, das Radio und alle weiteren Massenmedien erfüllt hat. Elias Canetti hat die Faszination daran (und ihre implizite Kritik im Wissen um die populistischen Massenbewegungen des frühen 20. Jahrhunderts) auf die Formel gebracht: »Die Masse will immer wachsen.«[20]

Somit ist es lohnend, sich auf die Suche nach genau den Konstellationen des Populären zu begeben, in denen ein spezifisches Ding historisch zum ersten Mal materiell und massenmedial zugänglich wurde. Ich möchte zwei Momente anbieten, die diese Kriterien erfüllen. Der erste Moment verspricht Vergnügen – es handelt sich um

---

18 Baßler, Moritz (2015): Leitkultur Pop? Populäre Kultur als Kultur der Rückkopplung. In: Kulturpolitische Mitteilungen 148, Nr. 1, S. 34–39, hier S. 37. Vgl. exemplarisch und viel zitiert: Miller, Daniel (2008): The Comfort of Things. London: Polity Press.
Hickey, Dave (2015): Der unsichtbare Drache. Berlin: Merve, S. 100.
Baßler, Moritz (2015): Leitkultur Pop? Populäre Kultur als Kultur der Rückkopplung. In: Kulturpolitische Mitteilungen 148, Nr. 1, S. 34–39, hier S. 37.

19 Zit. nach Helmstetter: Der Geschmack der Gesellschaft, S. 48.

20 Canetti, Elias (1960): Masse und Macht. Hamburg: Claasen Verlag, S. 25, i. O. kursiv.

Szenen aus einem Laurel & Hardy Film –, der zweite Aktualität: Ich möchte über ChatGPT als eine, vielleicht sogar unterhaltende, Antwort auf die nicht mehr zu überblickende Quantität von Text nachdenken.

3. Horns All Over Me

Das Material des Populären, so habe ich bisher behauptet, besteht potentiell aus der kontingenten Masse an realen Dingen und medialen Fiktionen, die die Überflussgesellschaften seit mehr als 150 Jahren in den Industrie- und Dienstleistungsgesellschaften produziert. Als eine spezifische Antwort auf die Herausforderungen der Massenkultur organisiert die Populäre und Popkultur den bestehenden Überfluss auf eine ästhetische Weise derart, dass daraus Unterhaltung entsteht. Die konkrete Materialität der Dinge bildet dafür gewissermaßen den Umschlagplatz zwischen realer und fiktionaler Realität, den Moment, in dem aus bloßer Quantität spezifische Qualitäten werden. Dabei ist zu betonen, dass es dem Populären in meiner Lesart nicht um normative, moralische oder politische Antworten auf die Massen- und Überflussgesellschaft geht, sondern eben um ästhetische, die somit hochgradig vermittelte und nie eindeutige Beziehungen zu den Feldern von Normen, Moral und Politik aufweisen.[21]

Das Populäre operiert dabei an vielen Stellen im Modus der komischen Überbietung, eines Vergnügens, das die Körperlichkeit der jeweiligen Situation in den Mittelpunkt stellt. Dazu ein Beispiel.

Es beginnt mit einem Notfall: Ein Krankenwagen und zwei Sanitäter halten in dem Film Saps at Sea[22] mit Stan Laurel und Oliver Hardy von 1940 vor einer »Horn Manufactory« und kommen kurz darauf mit einem offensichtlich verwirrten Arbeiter auf ihrer Trage wieder heraus, der voll kindischer Freude eine Hupe hupt. Ein anwesender Polizist informiert die Presse darüber, dass dies bereits der vierte Nervenzusammenbruch der Woche sei. Die Kamera folgt dem besorgten Chef des Unternehmens in die Fertigungshalle, in der eine große Anzahl an Arbeitern Sirenen, Hupen und Tröten auf ihre Tauglichkeit und Tonhöhe testen. Im ohrenbetäubenden Lärm wirkt das Schild »Silence while Men are Working« nicht nur wie der beabsichtigte Gag, sondern auch wie ein Hinweis auf die Möglichkeiten des Tonfilms, der zehn Jahre nach seiner Etablierung nun aus der Differenz von Gesehenem und Gehörtem komisches Kapital schlagen konnte. Vor allem aber reagiert die Szene auf das Anwachsen des Individualverkehrs in den USA und bot damit in der fiktionalen Realität des Films eine Anknüpfung an die reale Realität der Zuschauerinnen und Zuschauer vor Ort. Das be-

---

21 Vgl. als aktuelle Position: Baßler, Moritz/ Drügh, Heinz (2021): Gegenwartsästhetik. Konstanz: Konstanz University Press.

22 Saps at Sea (1940). Gordon Douglas. Hal Roach Studios. USA.

rühmte Model T von Ford, das erste auf Fließbändern hergestellte Auto, verkaufte sich im Jahr 1913 25.000-mal während 1927 bereits über 15 Millionen Stück davon vertrieben wurden. Und alle brauchten eine Hupe.

Entsprechend erwischt es auch Hardy in der Kakophonie der Anfangsszene: »Horns to the right of me, horns to the left of me, horns all over me«[23], bricht es aus ihm, heraus bevor er in schierer Verzweiflung den Tisch mit allen noch zu testenden Hupen vor ihm umwirft. Er kapituliert vor dem Überfluss und dem Lärm der Fabrik, die ein Überfluss und Lärm der Großstadt, respektive der europäisch geprägten Moderne sind und muss sich in die eigenen vier Wände zurückziehen um seine Beziehung zu den Dingen neu zu ordnen. Dazu gleich mehr.

Denn genau vierzig Jahre vor *Saps at Sea* schreibt Georg Simmel den Aufsatz *Persönliche und sachliche Kultur*. Er tut dies zu einem unübersehbaren Höhepunkt der sachlichen (und versachlichten) Warenkultur in den hochindustrialisierten Nationen der Welt. Wie Jürgen Osterhammel nachzeichnet, explodierte der »Wachstum des Warenverkehrs«[24] und somit die Akkumulation der Dinge um die vorletzte Jahrhundertwende dramatisch. Georg Simmels Text ist entsprechend historisch und aktuell zugleich: Er reflektiert die Beziehung der Menschen zu den Dingen auf der Basis der sich entwickelnden Überflussgesellschaften in Nationalstaaten wie dem Deutschen Reich und adressiert damit Fragen des Umgangs mit dem strukturellen Zuviel der Dinge, die bis heute relevant sind. Als Kultursoziologen interessiert ihn die Mesoebene zwischen dem Individuum und der Gesellschaft und so beobachtet er, dass massenproduzierte Ware nicht mehr sinnvoll in die Subjektivität des Einzelnen integriert werden kann. Ein Schelm, wer hier an den Manufactum-Katalog, an Etsy.com und die entsprechenden Käuferschichten der »Neuen Mittelklasse« samt habitualisierter Distinktionssehnsucht denkt, wie sie Andreas Reckwitz analysiert hat.[25] Und schon lange vor der automatisierten Einparkhilfe eines neuen Tesla mit seinem paternalistischen Piepen beschreibt Simmel im Jahr 1900 die fortschreitende »Selbstständigkeit des Objekts« und zeichnet ein dramatisches Bild der »Beziehungslosigkeit beider zu einander«[26], in der sich Dinge und Menschen als feindliche Mächte gegenüberstehen würden. Es fehle dem Subjekt die Möglichkeit, sich die standardisierten und arbeitsteilig hergestellten Waren anzuverwandeln und deshalb sei es entscheidend, die Dinge

---

23 Saps at Sea (1940), 00:03:08.

24 Osterhammel, Jürgen (2009): Die Verwandlung der Welt. Eine Geschichte des 19. Jahrhunderts. München: C.H. Beck, S. 1036.

25 Vgl. Reckwitz, Andreas (2017): Die Gesellschaft der Singularitäten. Zum Strukturwandel der Moderne. Berlin: Suhrkamp, vor allem S. 273–370 (»Die singularisierte Lebensführung: Lebensstile, Klassen, Subjektformen«).

26 Simmel, Georg (1992): Persönliche und sachliche Kultur. In: Persönliche und sachliche Kultur, Aufsätze und Abhandlungen 1894 bis 1900. Frankfurt a.M.: Suhrkamp, S. 560–582, hier S. 571.

wieder »nach unserem Bilde [zu] formen, in dem die Vielheit der Bestimmungen zu der Einheit des ›Ich‹ zusammenwächst«.[27]

Laurel und Hardy sitzen währenddessen vor der Hupenfabrik in ihrem eigenen Auto, das sich leider so gar nicht nach ihrem Bilde formt. Die Hupe blockiert und will nicht mehr ruhig sein, ein Hammerschlag löst die Blockade aber auch den gesamten Motorblock, der daraufhin auf der Rückbank verstaut wird und das Auto dennoch fahren lässt.[28]

Im Umgang mit den Dingen spiegelt sich, das ist an Simmels Text exemplarisch abzulesen, immer auch die Geschichte der Abwertung der Massenkultur. Denn erst in einer Überflussgesellschaft sieht sich das (persönliche) Ich von der (sachlichen) Massenkultur erdrückt. Die Argumente Simmels, die bis heute deutlich mehr Zuspruch als Widerspruch erfahren haben und vielfach nachformuliert worden sind, folgen dabei auf den ersten Blick der Marx'schen Entfremdungstheorie, indem sie nahelegen, dass die Massenproduktion im Warenkapitalismus eine Massenentfremdung produziere.

Für Marx allerdings waren die Entfremdungsprozesse in der bürgerlichen Gesellschaft ein notwendiger Katalysator für die revolutionäre Entstehung einer klassenlosen Gesellschaft. Simmel hingegen geht es um die Wiedergewinnung einer verlorenen Einheit. Seine Frage lautet somit nicht, wie eine gerechte Verteilung der Güter gelingen könnte, sondern wie es die Einzelne in der Massenkultur schafft, aus einer fragmentarisierten wieder zu einer integralen Beziehung mit den Dingen zu kommen? Seine Antwort macht aus dem Marx'schen Modell der politischen Klasse (welches jene ›Beziehungsfrage‹ mit dem Verweis auf die notwendige Umschichtung der Produktionsverhältnisse beantwortet hat) ein Modell der ästhetischen Individuation: »Das Kunstwerk ist unter allen Menschenwerken die geschlossenste Einheit, die sich selbst genügendste Totalität«[29]. Das Kunstwerk ist somit der absolute Gegensatz zur arbeitsteilig produzierten Ware und der positiv besetzte Antipode zum Überfluss der Dinge. Das einzelne Kunstwerk subjektiviert den einzelnen Menschen: »das Kunstwerk fordert nur *einen* Menschen, diesen aber ganz und seiner zentralsten Innerlichkeit nach«.

Diese Überzeugung gilt weitgehend bis heute, auch wenn sie anders formuliert wird und sich genauso auf *durational performances*, auf Soziale Plastik oder Konzeptkunst beziehen kann. Den Künsten wird die Fähigkeit zugeschrieben, das Subjekt *in* der Massenkultur aber nicht *mit* der Massenkultur zu versöhnen. Denn die gestörte Beziehung zwischen Menschen und Dingen kann nur an einzelnen und ausgewählten Dingen wiederhergestellt werden. Unbrauchbar für ein solches Vorhaben sind scheinbar bis heute die zu vielen Dinge, die problemlos zugänglich, schnell zu konsu-

---

27 Simmel: Persönliche und sachliche Kultur, S. 565.

28 Saps at Sea (1940), ab 00:05:00.

29 Simmel: Persönliche und sachliche Kultur, S. 566. Folgendes Zitat ebd., i. O. kursiv.

mieren, sofort wieder zu entsorgen sind und deren Bedeutung nur vorübergehend ist, kurz gesagt: Populäre Dinge. Georg Simmel – und mit ihm eine Fülle an kultur-, kunst- und sozialwissenschaftlichen Theorien der Gegenwart – benötigen künstlerische Modi der Verbesonderung und Vereinzelung der Dinge, um den Status der angeblichen Beziehungslosigkeit im Warenkapitalismus zu überwinden.

Zu Hause angekommen, zieht sich Hardy ins Bett zurück und lässt sich von Arzt und Laurel umsorgen.[30] Jetzt wären sie wichtig, die guten Dinge, die, wie Hartmut Rosa hundert Jahre nach Simmel und ganz in dessen Duktus formuliert, eine »Rückbesinnung auf die Resonanzqualitäten der Dinge« ermöglichen.[31] Doch die damals beginnende Fertigbauweise zur Produktion standardisierter und damit günstiger Miethäuser für die aufstrebende Angestelltenschicht, hatte wohl noch Mängel: Als Laurel den Gasherd anmachen möchte, funktioniert immer die falsche Platte, das elektrische Licht speit Feuer und Flamme und bei der Nachbarin spielt der Kühlschrank Musik aus dem Radio, das umgekehrt voller Eiszapfen hängt. Die Dinge machen, was sie wollen, sie führen einfach ihre gestörte Beziehung zu den Menschen auf. Entscheidend ist, dass der Notfall, der den Film beginnen lässt, nicht behoben wird. Es gibt hier keine wiedergefundene Einheit aus persönlicher und sachlicher Kultur zu erhoffen, nur eine permanente komische Überbietung, die die Populäre Kultur zwischen der Frühphase mit Varieté-Theatern, Zirkus und Slapstick, und der aktuellen Dominanz des Komischen in der Memes-Kultur in den sozialen Medien prägt.[32] Aus zu vielen Dingen macht die Popkultur noch mehr Dinge und aus den Modi der künstlerischen Verbesonderung macht sie die nicht endende Aufgabe eines körperlichen Umgangs mit der Dingen, einer somatische Bewältigung der Massenkultur.

Denn es ist ein körperlicher Umgang mit dem Überfluss der Dinge, der die Popkultur charakterisiert. Auch wenn es in den Filmen von Laurel und Hardy offensichtlich um mediale Präsenzeffekte geht, so werden diese immer ergänzt durch ein körperliches Nähewissen: ein *Knowing How*, nicht nur ein *Knowing That* (Gilbert Ryle). Wir wissen, wie und warum eine Hupe hupt. Wir wissen, wie sich das anhört und anfühlt, so wie wir (als Kinder besonders) ein Vergnügen an den mimetischen Verfahren des Mit-Hupens, Immer-wieder-Hupens, Bisschen-anders-Hupens entwickelt haben. In den »Medien der Körperlichkeit«[33] stellt die Popkultur eine gleichsam somatische Sympathie des Mit-Machens bereit. Gleichzeitig sind diese affirmativ-variierenden Praktiken nicht reflexionslos: Als Rezipient:innen wissen wir, dass die Moderne und Spätmoderne aus

---

30 Saps at Sea (1940), ab 00:11:58.

31 Rosa, Hartmut (2016): Resonanz. Eine Soziologie der Weltbeziehung. Berlin: Suhrkamp, S. 388.

32 Vgl. zu letzterem: Winkler, Hartmut (2021): Ähnlichkeit. Berlin: Kadmos.

33 Alkemeyer, Thomas (2008): Das Populäre und das Nicht-Populäre. Über den Geist des Sports und die Körperlichkeit der Hochkultur. In: Maase, Kaspar (Hrsg.): Die Schönheiten des Populären. Ästhetische Erfahrung der Gegenwart. Frankfurt a.M.: Campus Verlag, S. 232–250, hier S. 234.

reglementierenden Elementen bestehen, die ein Leben in den Überflussgesellschaften immer gleichzeitig erschweren und überhaupt erst ermöglichen. Ein störungsfreier Umgang mit den Dingen, die seit mehr als 150 Jahren Massenwaren sind, ist nicht in Sicht. Muss es aber auch nicht. Denn die Massenkultur, wie es die Soziologin Hannelore Bublitz formuliert, »steht nicht im Widerspruch zu Individualisierungsprozessen, sondern ist Ausdruck ihrer konsequenten Weiterentwicklung«.[34] In den materiellen Präsenzeffekten der Populären Kultur könnte also ein körper- und näheorientierter Umgang mit dem Überfluss der Dinge beobachtet werden, der das spätmoderne Subjekt nicht bedroht, sondern überhaupt erst konstituiert.

4. Zuviel Text

Der unter dem Namen ChatGPT global genutzte Chatbot zur automatisierten Generierung von Textdateien hat seit November 2022 zu einer intensiven Diskussion über Chancen und Risiken künstlicher Intelligenz geführt. Der Hype folgte damit einem Muster bei der Popularisierung technologiebasierter Innovationen, wie sie an der Einführung des elektrischen Stroms und der Glühbirne Ende des 19. Jahrhunderts, nicht anders als beim Smartphone nachzuweisen ist: In dem Moment, in dem gleichzeitig die Transaktionskosten fallen und eine Technologie kulturell zu einer blackbox wird, kann sie zu einem ökonomisch wie kulturellen Erfolg werden.[35] Damit ist noch nichts über die normativen Aspekte von ChatGPT gesagt, die im Zentrum der Debatten standen: Können wissenschaftliche, können studentische Arbeiten im selben Sinne geschrieben und bewertet werden wie vor ChatGPT? Wie gehen demokratische Gesellschaften mit der Gefahr gezielter Desinformation, mit Lügen und Propaganda um, die nun um ein Vielfaches schneller und *en masse* produziert werden können? Was für Auswirkungen auf dem Arbeitsmarkt wird die Automatisierung von Text- und Bildproduktion haben, gerade in den Bereichen, in denen standardisierte Narrative genutzt werden (Werbetexte und Design, Kriminal- und Sachbuchliteratur, aber auch juristische Urteile und medizinische Verordnungen)? Für wen ist die Anwendung künstlicher Intelligenz aufgrund von sichtbaren und unsichtbaren Grenzen überhaupt möglich?

---

34 Bublitz, Hannelore (2005): In der Zerstreuung organisiert. Paradoxien und Phantasmen der Massenkultur. Bielefeld: Transcript, S. 10.

35 Der Medien- und Kulturwissenschaftler Felix Stalder weist darauf hin, dass erst in dem Moment, in dem digitale Technologie normalisiert ist und »ihre Versprechungen hohl klingen«, ein durchgreifender Kulturalisierungsprozess einsetzen kann: »Diese Hybridisierung und Verfestigung des Digitalen, die Präsenz der Digitalität jenseits der digitalen Medien, verleiht der Kultur der Digitalität ihre Dominanz«. Stalder, Felix (2016): Kultur der Digitalität. Berlin: Suhrkamp, S. 20.

Das alles ist angedacht, diskutiert und ausprobiert worden – im Folgenden werde ich zu diesen und ähnlichen Fragen jedoch nicht Stellung beziehen. Stattdessen möchte ich darüber nachdenken, in welchem Licht ChatGPT erscheint, wenn man es als eine Antwort auf die Frage versteht, die die kontinuierlich wachsende Übermenge an Texten (und Bildern) stellt? In diesem Sinne wäre auch ChatGPT als eine Reaktion auf und Adaption des wachsenden Überflusses zu verstehen. Überfluss, das habe ich zeigen wollen, wird in der Populären Kultur ästhetisch verarbeitet: aus Quantitäten werden Qualitäten. Könnte ChatGPT ähnlich beschrieben werden?

Mit dieser Perspektive ausgestattet, ergibt sich ein kulturhistorischer Anschluss, den ich nicht ausführen, aber zumindest nennen möchte. Es geht dabei um die tägliche Abholung von Zeitungsresten in den europäischen Großstädten Ende des 19. und Anfang des 20. Jahrhunderts. Nicht zum Müllplatz wurden diese Überreste an bedrucktem Papier gebracht, sondern in die Zeitungsausschnittbüros in Paris, Wien oder London, die eine sortierende Arbeit am so medialen wie materiellen Überfluss vornahmen, wie Anke te Heesen in ihrer großartigen Studie zu diesem »Papierobjekt der Moderne« gezeigt hat.[36] Zeitungsausschnittdienste stehen somit im funktionalen Kontext einer Zweit- und Mehrfachverwertung industrieller Massenwaren, sie vollziehen ganz praktisch die Arbeit am materiellen Überfluss. Nicht der täglich neue Informationsfluss wurde von ihnen verkauft, sondern eine nach Stichworten sortierte Sammlung des vorhandenen Text- und Bildüberfluss‹. Jene händische Cut-and-Paste-Arbeit war entsprechend der kulturellen Matrix der klassischen Moderne arbeitsteilig organisiert und auf serielle Produktion hin angelegt um für zahlende Kunden, darunter Wissenschaftler, die sich durch die thematische Zusammenstellung von bereits vorhandenen Texten einen Überblick über ihr Forschungsfeld verschafften, eine Dienstleistung anzubieten.[37]

Es ist deutlich, worauf ich hinauswill: Um die Masse der medialen Fremd- und Eigeninhalte nutzbar zu machen, müssen heute, strukturell vergleichbar aber operativ verschieden, Big-Data-Operationen genutzt werden. Anders ist der global zugänglichen Fülle an Texten und Informationen im 21. Jahrhundert nicht beizukommen: »At a conservative estimate, there are 15 trillion files in the world.«[38] Bis in den November 2022 lassen sich dabei vor allem kuratierende Modi beschreiben, wie sie letztlich auch

---

36	te Heesen, Anke (2006): Der Zeitungsausschnitt. Ein Papierobjekt der Moderne. Frankfurt a.M.: Fischer Taschenbuch Verlag.

37	Exakt im selben Zeitraum entsteht das Buchobjekt Scrapbook und die populäre Praxis des scrapbookings, die die Massenproduktion an bedrucktem Papier in Unterhaltung überführt und als Ursprung der Fanfigur in der Populären Kultur verstanden werden kann. Vgl. Seidl, Monika (2013): Das Scrapbook. In: Kramer, Anke/ Pelz, Annegret (Hg.): Album. Organisationsformen narrativer Kohärenz. Göttingen: Wallstein, S. 204–210; Krankenhagen, Stefan: 1910. Scrapbooks. Beziehungsstatus ungeklärt. In: ders.: All these things, S. 95–116.

38	CloudFiles Statistics: https://cloudfil.es/5LymeV817my?ref=cloudfiles.ghost.io. 19.02.2024.

die Zeitungsausschnittbüros vornahmen: Jeder »Monatsrückblick« auf dem Smartphone ist ein automatisierter ästhetischer Umgang mit dem Zuviel der persönlich gemachten Fotos. Mit und seit ChatGPT ist jene Arbeit am Überfluss quasi-produzierend tätig. Ein Blick auf empirische Studien aus den Informationswissenschaften – die ich aufgrund meiner fehlenden Fachkenntnis nicht kritisch kontextualisieren kann – soll im Folgenden die Herausforderungen, auf die ChatGPT reagiert, andeuten; und zwar anhand der Überflussproduktion unserer eigenen, der wissenschaftlichen Produktion von Texten.

In einer Studie der Ben-Gurion-Universität in Negev, Israel konnte anhand der Auswertung von über 120 Millionen wissenschaftlichen Artikeln über den Zeitraum des 20. Jahrhunderts hinweg gezeigt werden, dass und unter welchen Bedingungen die Quantität wissenschaftlicher Produktion gestiegen ist: »The volume of papers has increased sharply from <1 million papers published in 1980 to >7 million papers published in 2014«[39] Dabei standen den Wissenschaftlerinnen und Wissenschaftler 2016 knapp 21.000 Zeitschriften als Publikationsorte zur Verfügung (im Vergleich zu 12.500 um die letzte Jahrhundertwende), in denen durchschnittlich 99,6 Aufsätze veröffentlicht wurden (1999: 74,2).[40] Während die individuelle Produktivität von Wissenschaftler:innen nicht gestiegen ist, beobachten Michael Fire und Carlos Guestrin »an exponential growth in the number of new researchers who publish papers«.[41] Erstens: Immer mehr Wissenschaftler:innen publizieren immer mehr Texte in immer mehr Zeitschriften.

Während die Autoren eine deutliche Diskrepanz zwischen der Menge an Textausstoß in den Natur- versus den Geisteswissenschaften beobachten[42], macht eine einfache Rechnung deutlich, dass letztere durch ausufernde Zitation ebenso dazu beitragen, die Überfülle an Text zu potenzieren. Sie wird wiedergegeben in der scharfsinnigen Dissertation von Dennis Wutzke zum hier verhandelten Thema:

Clemens Albrecht hat die Sache durchgerechnet: Ein von ihm ausgewählter typischer soziologischer Artikel mit einem typischen Verweisungsapparat addiert im Literaturverzeichnis 81 Titel, ›die stolze Summe von 3241 *gelesenen* Seiten.‹ Im Selbstversuch

---

39 Fire, Michael/ Guestrin, Carlos (2019): Over-optimization of academic publishing metrics: observing Goodhart's Law in action. In: GigaScience, 1–20, Nr. 8, S. 2019, hier S. 1. Diese Befunde korrelieren mit den Statistiken, die auf der Seite Scimago Journal & Country Rank, basierend auf einer Forschungsgruppe der Universität Grenada, angezeigt werden. Während etwa in den USA 1996 über 350.000 wissenschaftliche Textdokumente veröffentlicht wurden, hat sich diese Zahl gut 25 Jahre später auf knapp 700.000 Dokumente verdoppelt. SJR Scimago Journal & Country Rank: https://www.scimagojr.com/countryrank.php?order=it&ord=desc 19.02.2024.

40 Vgl. Fire/ Guestrin: Over-optimization of academic publishing metrics, S. 8.

41 Fire/ Guestrin: Over-optimization of academic publishing metrics, S. 13.

42 Vgl. Fire/ Guestrin: Over-optimization of academic publishing metrics, S. 11.

findet Albrecht dann heraus, daß er zur Lektüre eines Aufsatzes von 28 Seiten bei Abwesenheit aller Störungen eine Stunde und 18 Minuten benötigt. Für die im Apparat aufgeführte Referenz-Seitenzahl des in Rede stehenden Artikels würde dies hochgerechnet 150 Stunden reiner Lektüre bedeuten.[43]

Jeder und jede kann diese Rechnung zu Ende führen: Für 28 Seiten samt referenzierter Literatur benötigt der von allen Wünschen und Notwendigkeiten freigestellte Leser 15 Zehnstundentage. Auch die Studie aus Israel bestätigt diesen Trend, wenn er auch in Relation betrachtet, weniger extrem ausfällt: »For example, in 1960 few papers had >20 references, but by 2010 many papers had >20 references, and some >40 references.«[44] Zweitens: Immer mehr Wissenschaftlerinnen und Wissenschaftler verarbeiten immer mehr akademische Texte (ohne sie gelesen haben zu können.)

Die globale Überproduktion akademischer Textsorten hat bereits, so kann die Studie zeigen, implizit ästhetische Adaptionen hervorgerufen. Denn die Autoren beobachten, dass sich die ›Formgesetze‹ des wissenschaftlichen Aufsatzes ändern: Die Länge der abstracts steigert sich, wie auch die Anzahl an keywords. Auch die Titel der Aufsätze werden länger, »from a mean of 8.71 words in 1900 to a mean of 11.83 words in 2014«.[45] Dabei werden deutlich mehr Ausrufezeichen und Fragezeichen in den Titeln verwendet und auch die Kombination der beiden Satzzeichen ist überproportional gestiegen. Generell aber werden wissenschaftliche Aufsätze immer kürzer: »the mean and median length of papers decreased over time. The mean length of a paper was 14.4, 10.1, and 8.4 pages in 1950, 1990, and 2014, respectively«.[46] Die Menge an vorhandenem Material hat zu einer ästhetischen Reorganisation der Textsorte Wissenschaftsaufsatz geführt. Drittens: Die Inhalte von immer mehr und immer kürzeren Texten werden durch Standardisierung der Form immer schneller zugänglich gemacht.

Schließlich zeigt die Studie – und das ist ihre eigentliche Stoßrichtung –, dass die Wertigkeit des einzelnen wissenschaftlichen Textes, trotz der Vielzahl an so genannten Qualitätskriterien wie »the number of papers, number of citations, impact factor, h-index, and altmetrics«[47] in den letzten Jahrzehnten nachgelassen habe. Während die Anzahl an evaluierten und für gut befundenen Texten kontinuierlich steigt, fällt ihre Wertigkeit innerhalb der scientific community. Der *Chronicle of Higher Education* hat in Reaktion auf die Studie von Fire und Guestrin bereits die rhetorische Reißleine

---

43   Wutzke, Dennis (2018): Akademische Überproduktion und Erkenntnis der Gesellschaft. Elemente einer kritischen Theorie evaluierter Sozialwissenschaft. Dissertation zur Erlangung des akademischen Grades Doctor philosophiae (Dr. phil.) der Philosophischen Fakultät der Universität Rostock, S. 5.
44   Fire/ Guestrin: Over-optimization of academic publishing metrics, S. 7.
45   Fire/ Guestrin: Over-optimization of academic publishing metrics, S. 6. Folgende Angaben ebd.
46   Fire/ Guestrin: Over-optimization of academic publishing metrics, S. 7.
47   Fire/ Guestrin: Over-optimization of academic publishing metrics, S. 1.

gezogen: »We must stop the avalanche of low-quality research.«[48] Viertens: Immer mehr wissenschaftlicher Text ist immer weniger wert.

Unabhängig davon, wie die Qualitätsfrage zu beantworten ist, zeigen die Ergebnisse sehr deutlich, dass die Sinnproduktion anhand sinnproduzierender Texte zum realen Problem geworden ist. Und zwar aufgrund ihres exponentiellen Wachstums. »Wie ändert sich Erkenntnis von Gesellschaftlichem«, fragt Wutzke folgerichtig, »wenn akademische Praxis sich einem Abbild ihrer selbst im quantitativen Spiegel gegenüber sieht – und wenn, vielfach mit jener Vermessung verstrickt, die wissenschaftliche Textproduktion stark anwächst?«[49] Etwas zynisch könnte man darauf antworten: Da das Wissenschaftssystem in den letzten hundert Jahren keine Antwort auf die eigene Massenproduktion gefunden, sondern diese durch ihre strukturelle Verfasstheit weiter potenziert hat, übernimmt nun eine Maschine die Aufgabe.

Es ist also nicht zufällig, dass die scientific community sehr intensiv auf die Lancierung von ChatGPT reagiert hat: Offensichtlich geht es um Massenproduktion in einem Teilbereich der Gesellschaft, der sich bisher durch überschaubare, besondere und je einzelne Produktionsformate legitimiert hat. ChatGPT jedoch folgt einer massenkulturellen Logik, die den Überfluss an Text sowohl reduziert – indem es spezifische Textformate und ihre Produzent:innen überflüssig macht – als auch potenziert: jeder prompt generiert automatisiert einen neuen Text. Interessant ist deshalb zu verfolgen, inwieweit ChatGPT selber einen Umschlag in populäre Formate, in Modi der Unterhaltung erfährt und ob oder inwieweit auch hier somatische Nähebeziehungen zu beobachten sind, die die Transformation von Quantität in Qualität begleiten und möglich machen.

Der spielerische Umgang mit ChatGPT, der die ersten Monate nach Veröffentlichung prägte, könnte ein Indiz für jenen Umschlag in Unterhaltung sein, denn spielerisch formierte Praktiken aktivieren und formieren den »Möglichkeitssinn« (Hans Blumenberg) kontingent verfasster Kulturen. Die Massenkultur stellt dabei jene Kultur dar, »die Kontingenz nicht nur und nicht in erster Linie als Unsicherheit problematisiert [...], sondern als Möglichkeitsoffenheit positiviert und damit als Gewinn menschlicher Freiheit bewertet.«[50]

Entsprechend findet sich auf dem Kanal InifiniTV_AI der Streaming Plattform Twitch mehrere durch Künstliche Intelligenz produzierte Serien, die an Vorbildern wie der Sitcom Seinfeld (hier: Steinfeld) oder The Big Bang Theory (The Big Dang Theory!)

48　Bauerlein, Mark/ Gad-el-Hak, Mohamed/ Grody, Wayne/ et al. (2010): We must stop the avalanche of low-quality research. The Chronicle of Higher Education: http://www.chronicle. com/article/We-Must-Stop-the-Avalanche-of/65890 19.02.2024.
49　Wutzke: Akademische Überproduktion, S. 8.
50　Makropoulos, Michael (2008): Theorie der Massenkultur. München: Fink, S. 10.

angelernt wurden.[51] In dieser experimentellen Phase wirken die in einer Endlosschleife ablaufenden Sitcoms wie eine Anomalie des bisher bekannten Serienformats, wie ein unkontrollierter Wachstum von immer gleichen Witzen und Stereotypen, die ohne jede narrative Kohärenz und ohne dramaturgische Entwicklung auftreten. Nichtsdestotrotz wird hier vorgeführt, wie aus Quantitäten Qualitäten werden können (nicht müssen), indem Zu-Vielzahl nicht kuratorisch reduziert (Qualitätsserie), sondern potenziert wird. Offensichtlich, dass der akademische Betrieb nicht auf dieselbe Weise auf die Überproduktion in seinen Reihen reagieren kann, obwohl komische Elemente auch hier nicht fern sind: »Das Ranking hat festgestellt, wer die beste Wissenschaft im ganzen Land betreibt? Kinderlied-Spott, ein Loriot'sches ›Achwas!?‹ oder zumindest ein indigniertes Wie bitte?! sind angesichts dessen angemessenere Reaktionen als strenge Gegenthesen«.[52] Die scientific community sucht ihre Stan Laurels und Oliver Hardys.

5. Ausblick: Plädoyer für einen neuen Materialismus in der Erforschung des Populären

Ich habe zeigen wollen, dass das Material des Populären in den realen Produktionsverhältnissen und den Produkten der Massen- und Konsumgesellschaften zu suchen ist. Die Populäre- und Popkultur ist dabei der Umschlagplatz, durch den Überfluss zu Unterhaltung wird. Entsprechend möchte ich abschließend für einen neuen Materialismus in der Erforschung des Populären plädieren.

Die gängige Auffassung materialistischer Theorien behauptet bekanntlich einen Vorrang der Materie vor nicht materiellen, im weitesten Sinne geistigen oder symbolischen Phänomenen. Auf eine solche vulgärdichotomische Verkürzung reagierend, ist es den Kulturwissenschaften noch nie schwergefallen, die Interdependenzen zwischen materieller und symbolischer Welt hervorzuheben und vielfältig zu untersuchen. Ich halte das auch weiterhin für den Weg, auf dem die interdisziplinären und differenztheoretisch geschulten Stärken der Kulturwissenschaften am deutlichsten zur Geltung kommen.

Gleichzeitig ist nicht zu übersehen, dass sich die Popkulturforschung sehr lange als »Code-Knacker« betätigt hat und dabei übersehen, bzw. ausgeblendet, dass der methodisch gewordene »Narzissmus der kleinen Differenzen« (Siegmund Freud) jedes Mal auf das Konto der Überproduktion einzahlt. »Wo die Ermöglichung unendlicher

---

51 Ich danke Jonas Nesselhauf für diesen Hinweis sowie seinen Vortrag Are you series? Serielle Reduzierung, Verkürzungen und Verdichtungen im Medienvergleich auf der 8. Jahrestagung der KWG.

52 Wutzke: Akademische Überproduktion, S. 26.

Bedeutungsproduktion die Beziehung des Denkens zur Welt definiert, da ist ›Überproduktion‹ zumindest schwerer zu skandalisieren.«[53] Eine (kultur)wissenschaftliche Wachstums- und Konsumkritik, die ihre Abhängigkeit und ihren Anteil am *Zuviel* nicht mitdenkt, desavouiert sich selbst; das zeigt die strukturelle Überflussproduktion in den Wissenschaften sehr deutlich. Die Fokussierung auf Material und Materialitäten ist in diesem Sinne zwar keine Lösung, aber eine Konsequenz, die erstens die historische Gebundenheit des Populären an die Konsumgesellschaften und deren strukturelle Überflussproduktion ernst nimmt, und zweitens, Populäre Dinge als den entscheidenden materiellen Umschlag von der Quantität der Massenproduktion in die Qualität der Unterhaltung versteht. In diesem Sinne halte ich die Perspektive des Siegener Sonderforschungsbereichs »Transformationen des Populären« für aufschlussreich, da es Transformationsprozesse als Ergebnis *und* Bedingung des Populären denkt: »das Wissen um die Popularität einer Sache oder Person [entfaltet] stets eine transformierende Dynamik: Die Sache oder Person ist etwas anderes geworden, sobald sie von vielen beachtet wird und diese Popularität ebenfalls Beachtung findet.«[54] Mein Ansatz ist es, jene transformierende Dynamik mit den dinglichen und somatischen Materialitäten des Populären zusammenzudenken.

Am übergreifenden Anspruch des historische Materialismus Benjamin'scher Prägung hat sich entsprechend nichts geändert: »Die Ausrichtung der Realität auf die Massen und der Massen auf sie ist ein Vorgang von unbegrenzter Tragweite sowohl für das Denken wie für die Anschauung.«[55] Heute sollte diese Arbeit am Material des Populären unter den aktuellen Bedingungen fortgesetzt werden. Das heißt unter Bedingungen, die es erneut verlangen, auf die Herausforderungen einer nicht zu bewältigenden Masse an Informationen, Texten, Bildern, Dingen eine ästhetische Antwort zu finden. Der reale Überfluss hat viele Facetten, auch viele besorgniserregende, aber die Aufgabe der Popkulturtheorien sehe ich darin, den spezifisch ästhetischen Umgang mit jenem strukturellen Zuviel adäquat zu beschreiben und zu denken.

Literaturverzeichnis

Alkemeyer, Thomas (2008): Das Populäre und das Nicht-Populäre. Über den Geist des Sports und die Körperlichkeit der Hochkultur. In: Maase, Kaspar (Hrsg.): Die Schönheiten des Populären. Ästhetische Erfahrung der Gegenwart. Frankfurt a.M.: Campus Verlag.

---

53 Wutzke: Akademische Überproduktion, S. 13.
54 Döring, Jörg/ Werber, Niels/ Gerlitz, Carolin/ et al. (2021): Was bei vielen Beachtung findet: Zu den Transformationen des Populären. In: Kulturwissenschaftliche Zeitschrift 6, Nr. 2, S. 1–24, hier S. 3.
55 Benjamin, Walter (1977): Das Kunstwerk im Zeitalter seiner technischen Reproduzierbarkeit. Drei Studien zur Kunstsoziologie. Frankfurt a.M.: Suhrkamp, S. 16.

Auslander, Philip (2006): Performing Glam Rock. Gender and Theatricality in Popular Music. Ann Arbor: University of Michigan.

Barthes, Roland (2007): Wie zusammen leben. Simulationen einiger alltäglicher Räume im Roman (Vorlesungen am Collège de France 1976–1977). Frankfurt a.M.: Suhrkamp.

Baßler, Moritz (2015): Leitkultur Pop? Populäre Kultur als Kultur der Rückkopplung. In: Kulturpolitische Mitteilungen 148, Nr. 1.

Baßler, Moritz/ Drügh, Heinz (2021): Gegenwartsästhetik. Konstanz: Konstanz University Press.

Benjamin, Walter (1977): Das Kunstwerk im Zeitalter seiner technischen Reproduzierbarkeit. Drei Studien zur Kunstsoziologie. Frankfurt a.M.: Suhrkamp.

Bublitz, Hannelore (2005): In der Zerstreuung organisiert. Paradoxien und Phantasmen der Massenkultur. Bielefeld: Transcript.

Canetti, Elias (1960): Masse und Macht. Hamburg: Claasen Verlag.

Döring, Jörg/ Werber, Niels/ Gerlitz, Carolin/ et al. (2021): Was bei vielen Beachtung findet: Zu den Transformationen des Populären. In: Kulturwissenschaftliche Zeitschrift 6, Nr. 2.

Ecker, Gisela/ Breger, Claudia/ Scholz, Susanne (Hrsg.) (2002): Dinge – Medien der Aneignung. Grenzen der Verfügung. Sulzbach/Taunus: Ulrike Helmer Verlag.

Frank, Michael C./ Gockel, Bettina/ Hauschild, Thomas/ et al. (2007): Fremde Dinge – Zur Einführung. In: Zeitschrift für Kulturwissenschaften, Nr. 1.

Fire, Michael/ Guestrin, Carlos (2019): Over-optimization of academic publishing metrics: observing Goodhart's Law in action. In: GigaScience, 1–20, Nr. 8.

Geer, Nadja (2010): Pop: Annäherung an ein gegenwärtiges Phänomen. In: POP. Kultur und Kritik 1, Nr. 1.

Hahn, Hans Peter (Hrsg.) (2015): Vom Eigensinn der Dinge. Für eine neue Perspektive auf die Welt des Materiellen. Berlin: Neofelis Verlag.

Hebdige, Dick (1983): Subculture. Die Bedeutung von Stil. Reinbek bei Hamburg: Rowohlt.

te Heesen, Anke (2006): Der Zeitungsausschnitt. Ein Papierobjekt der Moderne. Frankfurt a.M.: Fischer Taschenbuch Verlag.

Helmstetter, Rudolf (2007): Der Geschmack der Gesellschaft. Die Massenmedien als Apriori des Populären. In: Huck, Christian/ Zorn, Carsten (Hrsg.): Das Populäre der Gesellschaft: Systemtheorie und Populärkultur. Wiesbaden: VS Verlag für Sozialwissenschaften.

Hickey, Dave (2015): Der unsichtbare Drache. Berlin: Merve.

Hügel, Hans-Otto (2007): Lob des Mainstreams. Zu Begriff und Geschichte von Unterhaltung und Populärer Kultur. Köln: Herbert von Halem Verlag.

Krankenhagen, Stefan (2015): Der Auftritt der Dinge. Zu epistemischen und relationalen Objektbegriffen im Museum. In: Matzke, Annemarie/ Otto, Ulf/ Roselt, Jens (Hrsg.): Auftritte. Strategien des In-Erscheinung-Tretens in Künsten und Medien. Bielefeld: Transcript.

Krankenhagen, Stefan (2021): All these things. Eine andere Geschichte der Popkultur. Berlin/ Heidelberg: Metzler.

Luhmann, Niklas (1996): Die Realität der Massenmedien. Opladen: Westdeutscher Verlag.

Makropoulos, Michael (2008): Theorie der Massenkultur. München: Fink.

Miller, Daniel (2008): The Comfort of Things. London: Polity Press.

Osterhammel, Jürgen (2009): Die Verwandlung der Welt. Eine Geschichte des 19. Jahrhunderts. München: C.H. Beck.

Reckwitz, Andreas (2017): Die Gesellschaft der Singularitäten. Zum Strukturwandel der Moderne. Berlin: Suhrkamp.

Rosa, Hartmut (2016): Resonanz. Eine Soziologie der Weltbeziehung. Berlin: Suhrkamp.

Saps at Sea (1940). Gordon Douglas. Hal Roach Studios. USA.

Schulze, Gerhard (1993): Die Erlebnisgesellschaft: Kultursoziologie der Gegenwart. Frankfurt a.M.: Campus Verlag.

Seidl, Monika (2013): Das Scrapbook. In: Kramer, Anke/ Pelz, Annegret (Hrsg.): Album. Organisationsformen narrativer Kohärenz. Göttingen: Wallstein.

Simmel, Georg (1992): Persönliche und sachliche Kultur. In: Persönliche und sachliche Kultur, Aufsätze und Abhandlungen 1894 bis 1900. Frankfurt a.M.: Suhrkamp.

Stalder, Felix (2016): Kultur der Digitalität. Berlin: Suhrkamp.

Stäheli, Urs (2007): Bestimmungen des Populären. In: Huck, Christian/ Carsten Zorn (Hrsg.): Das Populäre der Gesellschaft: Systemtheorie und Populärkultur. Wiesbaden: VS Verlag für Sozialwissenschaften.

Trentmann, Frank (2017): Herrschaft der Dinge. Die Geschichte des Konsums vom 15. Jahrhundert bis heute. München: Deutsche Verlags-Anstalt.

Website: Bauerlein, Mark/ Gad-el-Hak, Mohamed/ Grody, Wayne/ et al. (2010): We must stop the avalanche of low-quality research. The Chronicle of Higher Education: http://www.chronicle.com/article/We-Must-Stop-the-Avalanche-of/65890 19.02.2024.

Website: CloudFiles Statistics: https://cloudfil.es/5LymeV817my?ref=cloudfiles.ghost.io. 19.02.2024.

Website: SJR Scimago Journal & Country Rank: https://www.scimagojr.com/countryrank.php?order=it&ord=desc 19.02.2024.

Winkler, Hartmut (2021): Ähnlichkeit. Berlin: Kadmos.

Wutzke, Dennis (2018): Akademische Überproduktion und Erkenntnis der Gesellschaft. Elemente einer kritischen Theorie evaluierter Sozialwissenschaft. Dissertation zur Erlangung des akademischen Grades Doctor philosophiae (Dr. phil.) der Philosophischen Fakultät der Universität Rostock.

Aglaia Kister

Nasenweisheit

Zum olfaktorischen Wissen in Mithu Sanyals Roman *Identitti**

ABSTRACT: The article argues that smells play an important role in Mithu Sanyal's *Identitti* and are closely linked to the central themes of the novel: practices of identity construction, racial discrimination and cultural appropriation. As recent works in cultural studies have demonstrated, the olfactory constitutes a socially significant phenomenon, which has long been neglected in Western cultural history. In *Identitti*, the nose proves to be an organ of intuitive knowledge that is able to grasp moods, feelings, but also subtle processes of discrimination. Furthermore, the smells in the novel also fulfill an aesthetic function: by creating moments of presence and atmospheric density, the nuanced olfactory descriptions establish a sensual counterweight to the protagonists' abstract theoretical debates. By pursuing the scent trails that run through *Identitti*, my analysis offers a new perspective on Sanyal's debut which has primarily been read as a novel of ideas so far.

KEYWORDS: Geruch, Leiblichkeit, Sinne, Identität, kulturelle Aneignung, Diskriminierung

Umgangssprachlich könnte man sagen, dass Literaturwissenschaftler:innen einen Großteil ihrer Zeit damit verbringen, die Nase in Bücher zu stecken. Dies ist jedoch insofern nicht ganz zutreffend, als ausgerechnet die Nase – und das mit ihr verknüpfte Spektrum des Olfaktorischen – bei der Literaturanalyse oftmals keine Rolle spielt. Wie die klassische westliche Philosophie den Geruchssinn über Jahrtausende hinweg geringschätzte,[1] so hat auch die Kulturwissenschaft erst spät begonnen, das »olfaktorische Schweigen«[2] zu brechen und die eminente Bedeutung des vernachlässigten Wahrnehmungssinns näher zu untersuchen. Verschiedene Studien konnten dabei

---

* Beim vorliegenden Artikel handelt es sich um die stark erweiterte Fassung eines Vortrags, den ich 2023 im Rahmen der 8. Jahrestagung der Kulturwissenschaftlichen Gesellschaft an der Universität des Saarlandes gehalten habe.

1 Vgl. u.a. Le Guérer, Annik (1992): *Die Macht der Gerüche. Eine Philosophie der Nase.* Aus dem Französischen von Wolfgang Krege. Stuttgart: Klett-Cotta, S. 204–256; Dietz, Christopher (2002): *»Wer nicht riechen will, muß fühlen«. Geruch und Geruchssinn im Werk Heimitos von Doderer.* Wien: Edition Praesens, S. 3; Babilon, Daniela (2017): *The Power of Smell in American Literature. Odor, Affect, and Social Inequality.* Frankfurt/M.: Peter Lang.

2 Raab, Jürgen (2001): *Soziologie des Geruchs. Über die soziale Konstruktion olfaktorischer Wahrnehmung.* Konstanz: UVK, S. 27. Raab bezieht sich an dieser Stelle auf Corbin, Alain (1984): *Pesthauch und Blütenduft. Eine Geschichte des Geruchs.* Aus dem Französischen von Grete Osterwald. Berlin: Wagenbach.

aufzeigen, dass Gerüche und Düfte das soziale Zusammenleben wesentlich bestimmen, mit vielfältigen kulturellen Codierungen belegt sind und dazu beitragen, Geschlechter-, Race- oder Klassenidentitäten zu konstruieren.[3] Auch die Literatur erweist sich bei genauerer Analyse als Laboratorium der Düfte, in dem das Olfaktorische dazu dient, Figuren zu charakterisieren, Atmosphären zu schildern oder Realitätseffekte zu erzeugen.[4] »Schriftsteller reden Gestank«,[5] vermerkt bereits Franz Kafka in seinem Tagebuch. Und Robert Walser schreibt über den Dichter:

> In alles hinein hat er schon zu irgendeiner Zeit und bei irgendwelcher Gelegenheit seine begierige Nase gesteckt, und er hört nicht auf mit Schnüffeln. Darin, eben gerade darin, meint man allgemein, bestehe die vornehmste Aufgabe eines fleißigen und gewissenhaften Schriftstellers. Stets hält er die Fensterflügel seiner Nase offen, er ist ein Witterer, Duftler und Riecher, und er hält es für seine Pflicht, das Aufnahmevermögen seiner Spürnase bis zur zugespitztesten Vollkommenheit auszubilden.[6]

Das poetische Potential der Gerüche zeigt sich besonders eindrücklich an Mithu Sanyals vielbeachtetem Roman *Identitti*, der 2021 erschien und für den Deutschen Buchpreis nominiert war. Im Zentrum der Handlung stehen die Identitätskonflikte der 25-jährigen Studentin Nivedita Anand, die zwar in Deutschland aufgewachsen ist, sich als Tochter eines Inders und einer Polin jedoch keiner Nation gänzlich zugehörig fühlt und immer wieder rassistischen Mikroaggressionen ausgesetzt ist. Zum Erweckungserlebnis werden für sie die Seminare bei der charismatischen indischen Professorin Sa-

---

3   Vgl. u.a. Corbin (1984); Le Guérer (1992); Classen, Constance/Howes, David/Synnott, Anthony (1994): *Aroma. The cultural history of smell.* London/New York: Routledge; Jütte, Robert (2000): *Geschichte der Sinne. Von der Antike bis zum Cyberspace.* München: C.H. Beck; Raab (2001); Drobnick, Jim (Hg.) (2006): *The Smell Culture Reader.* Oxford/New York: Routledge.

4   Vgl. u.a. Rindisbacher, Hans (1992): *The Smell of Books: A Cultural-Historical Study of Olfactory Perception in Literature.* Ann Arbor: University of Michigan Press; Dietz (2002); Gans, Michael (2008): Immer der Nase nach. Olfaktorik im Roman und Film. Am Beispiel von Patrick Süskinds Roman *Das Parfum* und der gleichnamigen Verfilmung von Tom Tykwer. In: Gans, Michael/Jost, Roland/Kammerer, Ingo (Hgg.): *Mediale Sichtweisen auf Literatur.* Baltmannsweiler: Schneider-Verlag Hohengehren, S. 46–58; Görner, Rüdiger (2014): *Das parfümierte Wort. Die fünf Sinne in literarischer Theorie und Praxis.* Freiburg i.Br.: Rombach. (= Die Salzburger Vorlesungen I); Rindisbacher, Hans (2015): What's this Smell? Shifting Worlds of Olfactory Perception. In: *KulturPoetik*, Bd. 15/H. 1, S. 70–104; Herold, Katharina/Krause, Frank (Hgg.) (2021): *Smell and Social Life. Aspects of English, French and German Literature (1880–1939).* München: Iudicium; Krause, Frank (2023): *Geruch und Glaube in der Literatur. Selbst und Natur in deutschsprachigen Texten von Brockes bis Handke.* Berlin/Boston: de Gruyter/düsseldorf university press.

5   Kafka, Franz (1990): *Tagebücher*, hg. von Hans-Gerd Koch/Michael Müller/Malcolm Pasley. Frankfurt/M.: Fischer, S. 13.

6   Walser, Robert (2003): *Feuer. Unbekannte Prosa und Gedichte*, hg. von Bernard Echte. Frankfurt/M.: Suhrkamp, S. 24 f.

raswati, die an der Universität Düsseldorf postkoloniale Theorie lehrt und schon bald eine Schar begeisterter Anhänger:innen um sich versammelt hat. Während diese Vorgeschichte nur in Rückblenden erzählt wird, setzt der Roman mit der skandalösen Enthüllung ein, dass die allseits bewunderte Saraswati in Wirklichkeit die Tochter eines biederen deutschen Zahnarzt-Ehepaars ist und ihre indische Herkunft nur mithilfe operativer Eingriffe vortäuschte. Die empörten Studierenden of Colour verurteilen den Identitätsbetrug als perfide Form der kulturellen Aneignung. Saraswati und ihre Verteidiger:innen hingegen erklären das *racial passing* zur virtuosen Dekonstruktion, die eindrücklich die Performativität aller Identitätskategorien vor Augen führe.

Ein Großteil des Romans besteht darin, dass die Figuren hitzige Debatten über Identitätspolitik, kulturelle Aneignung und postkoloniale Theorien führen. Entsprechend verstand man *Identitti* bislang vorwiegend als »Theorie- und Ideenroman«,[7] der zeitgenössische Debatten literarisch verhandelt und kritisch reflektiert. Gelobt wurde dabei, dass sich der Roman als Ganzes einer eindeutigen Parteinahme enthält, stattdessen einer Polyphonie unterschiedlichster Stimmen Raum gibt und jede dogmatisch verhärtete Position humorvoll-spielerisch relativiert.[8] Allerdings wird in *Identitti* nicht nur viel gesprochen, sondern auch viel gerochen – immer wieder finden sich detaillierte Schilderungen, wie Nivedita den Duft von Pflanzen, Kosmetikprodukten oder anderen Menschen genießt. Diese Vorliebe für das Riechen teilt die Protagonistin mit der Autorin von *Identitti* – so antwortete Mithu Sanyal in einem Interview auf die Frage, was sie mache, wenn sie gerade nicht schreibe: »[Ich] rieche an Dingen und Menschen.«[9]

Die eminente Bedeutung des Olfaktorischen wurde in den bisherigen Buchrezensionen und literaturwissenschaftlichen Analysen zugunsten der Frage vernachlässigt, wie sich der Roman zu zeitgenössischen Debatten um Identitätspolitik positioniert. Dass Gerüche in *Identitti* jedoch womöglich eine ebenso zentrale Rolle spielen wie die

---

7 Baßler, Moritz (2022): *Populärer Realismus. Vom International Style gegenwärtigen Erzählens.* München: C.H. Beck, S. 263.

8 Vgl. Baßler (2022), S. 256 ff.; Schneider, Jens Ole (2021): Pop und Identität bei Mithu Sanyal und Sophie Passmann. In: *Pop-Zeitschrift*: https://pop-zeitschrift.de/2021/11/08/pop-und-identitaet-bei-mithu-sanyal-und-sophie-passmannautorvon-jens-ole-schneider-autordatum8–11–2021/, 08.11.2021 (letzter Zugriff); Moltke, Johannes von (2022): The Metapolitics of Identity. Identitarianism and its Critics. In: *German Studies Review*, Jg. 45/H. 1, S. 151–166, hier S. 153; Honold, Alexander (2022): Richtig triggern. Postkoloniale Maieutik in Mithu Sanyals *Identitti*. In: Acta Germanica, Jg. 50, S. 271–281; Steinmayr, Markus (2022): Identität, Intersektion, Intervention. Mithu Sanyals Identitti und Jasmina Kuhnkes *Schwarzes Herz*. In: *Weimarer Beiträge*, Jg. 68/H. 2, S. 217–239; Navratil, Michael (2023): Literatur als Form von Identitätspolitik? Fakten, Fiktionen und Identitätskonstruktionen in Mithu Sanyals Roman *Identitti*. In: *Zeitschrift für interkulturelle Germanistik*, Bd. 14/H. 1, S. 121–140.

9 Sanyal, Mithu (2021): Über *Identitti*. Buchreport: https://www.buchreport.de/news/mithu-sanyal-ueber-identitti/ 20.11.2023 (letzter Zugriff).

diskutierten Theorien, geht aus einer Passage hervor, die als metatextuelle Selbstreflexion des Romans lesbar ist. Dort heißt es:

> Für Nivedita waren Bücher Einmachgläser für Gerüche und Gefühle und erst danach für
> Geschichten und Gedanken. Jedes der Bücher in den Weinkistenregalen in ihrem WG-
> Zimmer überwältigte sie bei jedem Öffnen erneut mit sensorischen Sensationen, vor
> allem Saraswatis Bücher, die sie gelesen hatte wie die Heilige Schrift, wie Mirakelbücher,
> wie Herbarien, in die sie wundersame Gänseblümchen und Calendula gepresst [...]
> hatte.[10]

Liest man diese Passage als autoreferentielle Selbstthematisierung des Romans, so
formuliert dieser ein poetologisches Programm, in dem »Gerüche und Gefühle« bedeutsamer sind als »Geschichten und Gedanken«. Bücher bilden demnach nicht primär
Transportmedien für Ideen und Theorien, sondern vielmehr Speicher intensiver
sinnlicher Erfahrungen.

Die hier unternommene Analyse folgt den Spuren des Geruchs, der sich durch
zahlreiche Szenen von Mithu Sanyals Roman zieht. Wie das *close reading* – das in
diesem Fall gewissermaßen ein *nose reading* ist – zeigen soll, bildet das Olfaktorische
keineswegs nur schmückendes Beiwerk, sondern ist vielmehr aufs Engste mit der
thematischen Essenz des Romans verbunden: mit Praktiken der Identitätskonstruktion,
der Diskriminierung und der kulturellen Aneignung. Die Nase erweist sich als Organ
eines intuitiven Wissens, das auch subtile, non-verbale Ausgrenzungsprozesse zu erfassen vermag. *Identitti* zeigt jedoch nicht nur die vielfältigen klassenspezifischen,
gendertheoretischen und kulturellen Konnotationen auf, die das Olfaktorische besitzt,
sondern entfaltet zugleich dessen poetisches Potential.

I. Distinktion durch Düfte – die identitätsstiftende Funktion des Geruchs

Das titelgebende Thema der Identität ist in Mithu Sanyals Roman aufs Engste mit dem
Olfaktorischen verbunden. So zeichnet sich jede der auftretenden Figuren durch einen
charakteristischen Geruch aus: Niveditas Freundin Oluchi duftet stets nach dem
»Moringaöl« (397), das sie statt Gesichtscreme aufträgt. Saraswatis Bruder Raji verströmt einen »Kokosduft« (293), da er Kokosöl nicht nur in den Kaffee gießt, sondern
auch als »Moisturizer« (293) verwendet. Bei der ersten Begegnung mit ihrem späteren
Freund Simon atmet Nivedita »den Kaschmir- und Seidegeruch seines Pullovers und
die Sandelaromen seiner Haut ein« (53) – wenig später wird beschrieben, wie sie »den

---

10   Sanyal, Mithu (2021): *Identitti.* München: Hanser, S. 189. Zitate aus *Identitti* werden im Fol-
     genden direkt im Fließtext nachgewiesen.

berauschenden Wollwachsgeruch seiner [...] Lodenfleece-Jacke« (54) inhaliert. Saraswatis Partnerin Toni verwendet eine Creme, die nach einer »Mischung aus Meer und Kokosnuss mit einer synthetischen Note, wie Sonnenmilch« (230) riecht. Als Nivedita das Badezimmer ihrer Professorin erkundet, findet sie dort ein ganzes Arsenal an Duftessenzen vor:

> Mit vorsichtigen Fingern schraubte Nivedita dort die Tuben und Tiegel auf, die wie eine Sippe konstruktiv zusammenarbeitender Heinzel- und Mainzelmännchen alle nur möglichen Ablageflächen bevölkerten, und roch daran. All diese Tinkturen, die Saraswatis Haut intim berühren durften, Balsam für ihre Glieder, Öl für ihr Haar, homöopathische Mittel, deren Wirkung Nivedita verschlossen blieb, Flaschen mit farbigen Flüssigkeiten ohne Beschriftung, Flaschen mit farbigen Flüssigkeiten mit Beschriftung, Witch Hazel, Sangre de Drago, DMSO, Wundpulver... [...] Saraswati hatte ihrer Wohnung unverkennbar ihre Persönlichkeit aufgeprägt [...]. (110)

Tatsächlich sind in dem Roman nicht nur die Körper der Figuren, sondern auch ihre Wohnorte stets mit einem charakteristischen Geruch versehen. So riecht es im Haus von Niveditas Eltern nach Kurkuma (285). Saraswatis Wohnung hingegen duftet »nach Basmatireis« (152) – einen weiteren mehrfach beschriebenen Geruch verströmt das Mariengras auf ihrem Balkon. Während der ersten Nacht, die Nivedita bei Saraswati verbringt, drückt sie ihr Gesicht in das Laken, »das nach Chlorophyll und sonnengetrockneten Tomaten roch und nicht wie das Betttuch in ihrem WG-Zimmer nach Menstruationsblut und Simons Sperma.« (111) Bereits Georg Simmel beschreibt in seiner *Soziologie der Sinne* den Umstand, »dass jeder Mensch die ihn umgebende Luftschicht in einer charakteristischen Weise parfümiert«.[11] Das künstliche Parfüm spielt dabei eine besondere

> soziologische Rolle, indem es eine eigenartige Synthese individuell-egoistischer und sozialer Teleologie auf dem Gebiet des Geruchsinnes vollzieht. Das Parfüm [...] fügt der Persönlichkeit etwas völlig Unpersönliches, von außen Bezogenes hinzu, das nun aber doch so mit ihr zusammengeht, dass es von ihr auszugehen scheint. Es vergrößert die Sphäre der Person [...]. Wie die Kleidung verdeckt es die Persönlichkeit mit etwas, was doch zugleich als deren eigne Ausstrahlung wirken soll. Insofern ist es eine typische Stilisierungserscheinung [...].[12]

---

11 Simmel, Georg (2013): Exkurs über die Soziologie der Sinne. In: Simmel, Georg: *Soziologie. Untersuchungen über die Formen der Vergesellschaftung.* Siebte Auflage. Berlin: Duncker & Humblot, S. 501–513, hier S. 507.
12 Simmel (2013), S. 509.

Anknüpfend an Simmels Geruchsstudien beschreibt Jürgen Raab das Parfümieren als »eine *Technik der Imagepflege*«, die der »Stabilisierung der Identität«[13] und der sozialen »Distinktion«[14] dient – zu einem »erfolgreichen Eindrucksmanagement«[15] gehöre stets auch der Geruch einer Wohnung, da diese den eigenen Lebensstil zum Ausdruck bringe.

Die Funktionen der Imagepflege, des Eindrucksmanagements und der Distinktion erfüllt das Olfaktorische auch in Sanyals Roman: Wie die oben angeführten Zitate deutlich machen, zeichnen sich alle Figuren durch einen hochindividuellen, einzigartigen Duft aus. Damit entwirft der Roman auch in olfaktorischer Hinsicht eine Welt, die deutlich an die von Andreas Reckwitz beschriebene »Gesellschaft der Singularitäten«[16] erinnert. Während die Industriegesellschaft der klassischen Moderne auf verschiedenen Ebenen eine starke Tendenz zur Standardisierung, Rationalisierung und Einebnung aller Unterschiede aufwies, ist die Spätmoderne Reckwitz zufolge von einer »soziale[n] Logik des Besonderen«[17] bestimmt. Das Singuläre, Unverwechselbare und Einzigartige stelle nunmehr den höchsten Wert dar – »[a]n alles in der Lebensführung legt man hier den Maßstab der Besonderung an: wie man wohnt, was man isst, wohin und wie man reist, wie man den eigenen Körper oder den Freundeskreis gestaltet.«[18] Das Bestreben von Sanyals Romanfiguren, sich einen individuellen Duft zu verleihen, gleicht jenen Praktiken der Körperästhetisierung, die Reckwitz als charakteristisch für das spätmoderne, singularitätsversessene Subjekt beschreibt.[19] Wie Niveditas Professorin täglich »*face yoga* […] gegen ihre Falten« (208) macht, sich durch verschiedene Diäten einem »fürchterlich rigiden Gesundheitsregime« (208) unterwirft und ihre »selbstbewusste Saraswatistimme« (208) einem eigens dafür besuchten Gesangsstudium verdankt, so dienen auch die duftenden Kosmetika der Erzeugung einer charismatischen, eindrucksvollen Erscheinung. Bezeichnenderweise gibt es in dem Roman nicht eine bestimmte, massenhaft hergestellte Parfüm-Marke, die alle Angehörigen einer bestimmten Klasse verwenden. Was die Duftartikel der Figuren einzig verbindet, ist die Tatsache, dass sie allesamt eine Aura des Exotischen, Besonderen und Naturverbundenen verströmen: So handelt es sich bei Moringaöl, Witch Hazel, Sangre de Drago oder Kokosöl um Naturprodukte, die außerhalb des europäischen Raums beheimatet sind.

13　Raab (2001), S. 179.

14　Raab (2001), S. 265. Zu Gerüchen als Mitteln sozialer Distinktion vgl. Bourdieu, Pierre (1987): *Die feinen Unterschiede. Kritik der gesellschaftlichen Urteilskraft.* Frankfurt/M.: Suhrkamp, S. 137.

15　Raab (2001), S. 199.

16　Reckwitz, Andreas (2018): *Die Gesellschaft der Singularitäten. Zum Strukturwandel der Moderne.* Bonn: Sonderausgabe für die Bundeszentrale für politische Bildung.

17　Reckwitz (2018), S. 10.

18　Reckwitz (2018), S. 9.

19　Vgl. Reckwitz (2018), S. 326.

Die Frage, inwiefern *Identitti* mit der Darstellung der Parfümierungspraktiken womöglich auch kritisch über Prozesse der kulturellen Aneignung und der kapitalistischen Ausbeutung indigenen Wissens reflektiert, soll später genauer untersucht werden. Zunächst gilt es festzuhalten, dass Gerüche in dem Roman eine identitätsstiftende, distinguierende Funktion erfüllen. Insgesamt erscheint Identität in der dargestellten Welt nicht länger als eine naturgegebene, unverhandelbare Größe, sondern vielmehr als Effekt bestimmter Praktiken und Performanzen. Die Figuren sind mit »allen Wässerchen der Postcolonial, Gender- und Queer Studies gewaschen«[20] und können über altbackene Essentialismen nur die Nase rümpfen – Saraswatis Nase wirkt denn auch, als werde sie »stets unmerklich über irgendetwas [ge]rümpf[t]« (407). Das heteronormative Regime unterläuft die Professorin durch die Liebesbeziehung zu ihrer Partnerin Toni, auf deren T-Shirt der Schriftzug prangt: »*Das Pronomen für mich ist noch gar nicht erfunden.*« (197) Doch nicht nur die Gender-, sondern auch die Race-Identität begreift Saraswati als Ergebnis einer Performanz, die sich ebenso frei wählen und gestalten lässt wie das eigene Körperparfüm oder die Kleidung. Ihr *racial passing* begründet sie mit den Worten: »Ich bin eine race-Terroristin! Ich führe die Authentizität der Raster ad absurdum. Ich sprenge sie und baue aus ihren Splittern eine neue Welt, in der race etwas ist, was wir genießen dürfen, mit dem wir spielen können, das uns eben nicht schicksalhaft bestimmt.« (245) Ihre Verteidiger in den sozialen Medien plädieren dafür, dass nicht nur »genderfluid[e]«, sondern auch »racefluide« Identitäten legitime »Version[en] des Drag« seien und man Saraswati daher »als Pionierin respektieren« solle. (266)[21]

Der Roman porträtiert also eine postmoderne Welt, in der feste Strukturen eine Auflösung erfahren, die vormals starren Kategorien des Geschlechts und der ethnischen Zugehörigkeit sich verflüssigen und das Leiden am unabänderlich Vorgegebenen hedonistischen Praktiken der Selbstformung weicht. Das den Text durchziehende Leitmotiv des Dufts erscheint als sinnliches Korrelat jener Atmosphäre des Transitorischen, Genussvollen und Grenzauflösenden, die Saraswati in ihren Reden beständig umwirbt. Wie die Figuren noch auf der Ebene des Körperdufts ihre Singularität behaupten wollen und jede Kategorisierung zu unterlaufen suchen – womit sie sich paradoxerweise gerade als stereotype Vertreter:innen einer »Gesellschaft der Singularitäten«[22] erweisen –, so zeichnet sich der Geruch phänomenologisch dadurch aus, dass er nicht zu fassen und einzugrenzen ist. Eben diese Merkmale des Flüchtigen,

---

20 Nüchtern, Klaus: »Vehemenz ist ein Privileg der Jugend«. Falter.at: https://www.falter.at/zei tung/20211222/vehemenz-ist-ein-privileg-der-jugend 20.11.2023 (letzter Zugriff).

21 Vgl. hierzu Navratil (2023).

22 Reckwitz beschreibt es als »reale Paradoxie, dass sich *allgemeine* Praktiken und Strukturen untersuchen lassen, die sich um die Verfertigung von *Besonderheiten* drehen.« Reckwitz (2018), S. 13.

Ungreifbaren und Grenzauslösenden haben die kulturwissenschaftliche Forschung dazu bewogen, den Geruchssinn zum »sense of postmodernity«[23] zu erklären. So schreibt etwa Mark Graham:

> Sight has been described as the modernist sense par excellence [...]. It is the sense that discriminates, divides and orders the world into mutually exclusive categories. Smell, by contrast, has been dubbed the sense of the postmodern [...], the sense that confuses categories and challenges boundaries. It is difficult to localize, hard to contain and has the character of flux and transitoriness. If this is acknowledged to be so, then one can immediately note some interesting affinities between the character of smells and recent theorizations of gender and sexuality often gathered under the rubric »queer«. Queer theories are suspicious of categorical neatness, and in particular the heterosexual-homosexual binary that fractures so much of Western culture [...]. In fact, argues Butler, the[] correspondences, in which gender follows sex and desire follows gender, are themselves the effects of performative acts, not the cause of them. Precisely because they are the result of social practices and not eternal essences, these effects are open to contestation, they are inherently unstable and they are always in a state of actual or potential flux and transition. In short, they are highly reminiscent of smells.[24]

Dass in *Identitti* immer wieder detailliert Düfte geschildert werden, stimmt also zu dem postmodernen, kategorienskeptischen Gestus des Romans. Mit dem Geruchssinn wird ein Organ aufgewertet, das in der westlichen Kulturgeschichte lange Zeit nur Verachtung und Diskriminierung erfuhr.[25] Bereits Platon und Aristoteles weisen dem Geruchssinn eine niedere Stellung in der Hierarchie der menschlichen Wahrnehmungsorgane zu[26] – Kant geht gar so weit, ihn als »undankbarste[n]« und »entbehrlichste[n]«[27] aller Sinne zu bezeichnen. Während der Distanzsinn des Auges traditionell als wichtiges Erkenntnisorgan galt, verbanden sich mit dem Olfaktorischen stets Assoziationen des Animalischen, Triebhaften und Archaischen: »[M]odern Western discourses have established aromatic phenomena to be ‹non-Western›, precivilized and primitive.«[28] Bezeichnenderweise war es Nietzsche, der Denker des Lei-

---

23   Classen/Howes/Synnott (1994), S. 182; vgl. hierzu auch Rindisbacher (2015), S. 83.
24   Mark Graham (2006): Queer Smells. Fragrances of Late Capitalism or Scents of Subversion? In: Drobnick, Jim (Hg.): *The Smell Culture Reader*. Oxford/New York: Routledge, S. 305–319, hier S. 305.
25   Vgl. Raab (2001), S. 34; Classen/Howes/Synnott (1994), S. 4ff.
26   Le Guérer (1992), S. 248.
27   Kant, Immanuel (1980): *Anthropologie in pragmatischer Hinsicht*, hg. von Karl Vorländer. Hamburg: Felix Meiner, S. 53. Vgl. hierzu Raab (2001), S. 63.
28   Manalansan, Martin Fajardo (2006): Immigrant Lives and the Politics of Olfaction in the Global City. In: Drobnick, Jim (Hg.): *The Smell Culture Reader*. Oxford/New York: Routledge, S. 41–52,

bes, in dessen Werk das Riechen schließlich eine Aufwertung erfuhr. Gegenüber einer körperfeindlichen Verabsolutierung der Ratio macht er sich zum Anwalt der Nase. So heißt es in der *Götzendämmerung:* »Und was für feine Werkzeuge der Beobachtung haben wir an unseren Sinnen! Diese Nase zum Beispiel, von der noch kein Philosoph mit Verehrung und Dankbarkeit gesprochen hat, ist sogar einstweilen das delikateste Instrument, das uns zu Gebote steht [...].«[29]

Auch in Mithu Sanyals Roman bildet die Nase ein feinfühlig-subtiles Erkenntnis-organ, das selbst Unausgesprochenes, gleichsam atmosphärisch eine soziale Situation Bestimmendes zu erfassen vermag. Demgegenüber erweist sich der von der westlichen Philosophie traditionell am höchsten geschätzte Sinn des Sehens als hochgradig ma-nipulierbar und unzuverlässig – so hat sich Saraswati durch indische Kleidung und operative Eingriffe ein äußeres Erscheinungsbild verliehen, das ihre Studierenden über Jahre hinweg in die Irre führte. Mit der Aufwertung des Geruchs- und der Abwertung des Sehsinns findet eine Verkehrung traditioneller westlicher Hierarchien statt, die insgesamt eine Grundbewegung des Romans beschreibt. Was die europäische Kul-turgeschichte als körperlich, animalisch, weiblich oder ›primitiv‹ kategorisierte und brutal unterdrückte, erfährt in *Identitti* eine Rehabilitation. Inwiefern der Geruchssinn zum Organ eines olfaktorischen Wissens aufsteigt, soll im Folgenden genauer unter-sucht werden.

II. Klasse, ›Race‹ und das Wissen der Nase

Mit großer Begeisterung verfolgt die Protagonistin des Romans die Auftritte von Shappi Khorsandi, einer auch im realen Leben existierenden britisch-iranischen Ko-mikerin. »[W]ie gebannt« ist Nivedita vornehmlich von Khorsandis Nase, die aussieht, »als würde sie sie stets unmerklich über irgendetwas rümpfen wie Saraswati« (407). Bei der Diskussionsrunde auf dem Hay Festival spielt diese Nase denn auch eine besondere Rolle. So erzählt Khorsandi, wie ihr neugeborener Sohn im Krankenhaus von der Hebamme als »mixed-race« klassifiziert wurde. Daraufhin bläht sie

---

hier S. 41. Vgl. außerdem Corbin (1984), S. 15; Classen/Howes/Synnott (1994), S. 4; Raab (2001), S. 13.

[29] Nietzsche, Friedrich (1997): Götzendämmerung. In: Nietzsche, Friedrich: *Werke in drei Bänden.* Bd. 2, hg. von Karl Schlechta. Darmstadt: Wissenschaftliche Buchgesellschaft, S. 958. Vgl. hierzu Le Guérer (1992), S. 240 ff. Nicht nur in der Philosophie Nietzsches, sondern auch in der Literatur des späten 19. Jahrhunderts erfährt der Geruch eine Aufwertung. So spricht Rindisbacher in Bezug auf die Literatur der Jahrhundertwende von einer »olfactory explosion«. Rindisbacher (1992), S. 145. Zur Bedeutung des Parfüms in der Literatur des viktorianischen Zeitalters vgl. Maxwell, Catherine (2017): Scents and Sensibility. Perfume in Victorian Literary Culture. Ox-ford: Oxford University Press.

ihre Nasenflügel, als wäre sie einem geheimen Gestank auf der Spur, den niemand anders auch nur bemerkt hatte. »Mixed-race? Was soll das bedeuten? Es ist kompletter Nonsense. Wir sind alle eine Mischung aus allen möglichen Dingen.« Es musste an der Nase liegen, entschied Nivedita, wenn diese Nase Rassismus witterte, folgten ihre alle heillos verfallen und dachten wie ein publikumsgroßer euphorischer Chor einfach nur: Pfui, disgusting! (408)

Die Nase erscheint in dieser Szene als Organ eines intuitiven Wissens, das auch unterschwellige Mikroaggressionen zu erspüren vermag. Obgleich die Hebamme nichts offen Rassistisches gesagt hat, wittert Khorsandi doch das Diskriminierende, das sich mit dem Bedürfnis nach ethnischer Klassifikation und dem Begriff »mixed-race« verknüpft.[30] Der »geheime[] Gestank« (408) kann als Metapher für strukturellen Rassismus gedeutet werden: Beide verbindet, dass sie etwas Unangenehmes, Diffuses und schwer Greif- oder Lokalisierbares darstellen. Eine Erkenntnisform, die sich – wie die traditionelle westliche Philosophie – einzig auf den Sehsinn verlässt, wird den strukturellen Rassismus nicht wahrnehmen. Denn obgleich ihn die Betroffenen in den verschiedensten Lebenssituationen leidvoll spüren, ist er mit dem Auge nicht erfassbar: »Für Menschen, die nicht von Diskriminierung direkt betroffen sind, ist strukturelle Diskriminierung oft unsichtbar.«[31]

Einer unterschwelligen, schwer greifbaren Form der Diskriminierung sah sich auch Saraswatis Adoptivbruder Konstantin in seiner Jugend ausgesetzt. Als indischer Junge, den das deutsche Ehepaar Thielmann adoptierte, bevor es überraschend doch noch die heißersehnte leibliche Tochter bekam, war er stets das weniger geliebte Kind. Wie stark sein vermeintlicher Problemcharakter mit dem subtilen Rassismus der Umwelt zusammenhing, erläutert Saraswati, indem sie die damalige Tendenz, alle Fehlentwicklungen auf Konstantins persönliches Verschulden zurückzuführen, kritisch reflektiert:

[D]ie Probleme, die Stan hatte, waren Stans eigene Schuld. Dass er Ärger in der Schule hatte, lag daran, dass er null Bock auf Lernen hatte, und nicht daran, dass unsere Lehrer rassistisch waren. Dass er Ärger mit der Polizei hatte, lag daran, dass er Gras dealte, und nicht daran, dass er kontrolliert wurde, seine Freunde aber nicht. Dass er aggressiv und misstrauisch war, lag daran, dass er aggressiv und misstrauisch war, und nicht daran,

---

30   Zum Geruchssinn als »a sensory tool for detecting racist violence« vgl. – allerdings ohne Bezug auf *Identitti* – Hsu, Hsuan L. (2023): Olfactory Futures in Bipoc Speculative Fiction. In: Kern-Stähler, Annette/Robertson, Elizabeth (Hgg.): *Literature and the Senses*. Oxford: Oxford University Press, S. 253–268, hier S. 255.

31   Groenheim, Hannah von (2018): Subjektivierung in Prozessen struktureller Diskriminierung am Beispiel der Fluchtmigration. In: Ceylan, Rauf/Ottersbach, Markus/Wiedemann, Petra (Hgg.): *Neue Mobilitäts- und Migrationsprozesse und sozialräumliche Segregation*. Wiesbaden: Springer VS, S. 223–241, hier S. 226.

dass andere Leute gegenüber ihm aggressiv und misstrauisch waren. So sahen das alle. (353)

Die permanenten Erfahrungen der Diskriminierung und Beargwöhnung erzeugen bei Konstantin eine Wut, die ihn schließlich zum radikalen Bruch mit seinen Adoptiveltern bewegt. Statt den deutschen Namen zu behalten, den ihm Josefina und Konstantin Thielmann verliehen hatten, nennt er sich fortan Raji. Sein Versuch, auch sonst alle Beziehungen zu den verhassten Adoptiveltern abzubrechen, wird in Bildern des Olfaktorischen beschrieben. Um zu betonen, dass ihn nichts mehr mit den beiden verbindet, erklärt er Saraswati: »Jo und Ko haben den Gestank meiner Anwesenheit längst für immer aus ihrer Kleidung gewaschen, genau wie ich ihren aus meiner.« (262) [32] Abermals lässt sich der Gestank hier als Metapher für einen ungreifbar-diffusen Rassismus deuten, der Beziehungen vergiftet und unerträglich macht, ohne offen sichtbar zu sein.

Zugleich verweist die Verknüpfung von Rassismus und Gestank auf den – in der Soziologie vielfach konstatierten – Umstand, dass olfaktorische Codes oftmals dazu dienen, Differenzen zwischen verschiedenen Ethnien zu konstruieren. Dem ›Fremden‹ wird in diesem Zuge meist ein schlechter Geruch attestiert: »It is rarely one's own group which smells – for just as one tends not to notice one's own body odour, one tends to regard one's own social group as inodorate – it is always ›other people‹.«[33] Der Geruchssinn bildete kulturgeschichtlich also nicht nur einen Gegenstand der Diskriminierung – indem er gegenüber anderen Wahrnehmungsorganen als primitiv und archaisch abgewertet wurde –, sondern bisweilen auch selbst ein Instrument der Diskriminierung.[34] Historisch waren es vor allem jüdische und dunkelhäutige Personen, denen ein schlechter Körpergeruch unterstellt wurde.[35] Doch auch Klassengrenzen verliefen oftmals entlang imaginärer olfaktorischer Linien.[36] George Orwell zufolge lässt sich das ganze Geheimnis der Klassenunterschiede des Westens in vier Worten zusammenfassen: »*The lower classes smell.*«[37] In ähnlicher Weise erklärt auch Georg

---

32   Dass das Olfaktorische bei Prozessen des Othering und der rassistischen Diskriminierung eine zentrale Rolle spielt, zeigt u.a. Babilon (2017).

33   Classen/Howes/Synnott (1994), S. 165. Vgl. auch Babilon (2017) und Hsu (2023).

34   Largey, Gale/Watson, Rod (2006): The Sociology of Odour. In: Drobnick, Jim (Hg.): *The Smell Culture Reader*. Oxford/New York: Routledge, S. 29–40, hier S. 35; vgl. auch Babilon (2017).

35   Frey, Winfried: Juden, Hexen, Teufel. Der »teuflische Gestank« als Kennzeichen für »Außenseiter« über Jahrhunderte. In: Schindler, Andrea (Hg.): Mediävistische Perspektiven im 21. Jahrhundert. Festschrift für Ingrid Bennewitz zum 65. Jahrhundert. Wiesbaden: Reichert 2021, S. 171–191.

36   Vgl. Le Guérer (1992), S. 43 ff. Classen et al. beschreiben den Geruch als »a potent symbolic means for creating and enforcing class and ethnic boundaries«. Classen/Howes/Synnott (1994), S. 169. Vgl. auch Largey/Watson (2006), S. 36.

37   Orwell, George (1996): The Road to Wigan Pier. In: Orwell, George: *The Works*. Volume Five.

Simmel, die »Berührung zwischen Gebildeten und Arbeitern« scheitere schlichtweg an der »Unüberwindlichkeit der Geruchseindrücke« – daher sei die »soziale Frage [...] nicht nur eine ethische, sondern auch eine Nasenfrage«.[38] Der englische Schriftsteller Somerset Maugham geht gar so weit, anzunehmen, dass die Möglichkeit der morgendlichen Dusche – die lange Zeit dem wohlhabenden Bürgertum vorbehalten war – mehr Klassenhass gestiftet habe als das Monokapital und die Menschen nachhaltiger in Klassen eingeteilt habe als Geburt, Reichtum oder Bildung.[39] Auch in Mithu Sanyals Roman zeichnet sich die privilegierte, wohlhabende Mittelklasse – wie die Analyse gezeigt hat – durch ein charakteristisches olfaktorisches Profil aus. Verwendet werden keine billigen Massenparfüms, sondern ausgesuchte, exotische Naturprodukte, die kosmopolitische Weltoffenheit, ein Singularitätsbedürfnis und ökologisches Bewusstsein signalisieren.

Wie Shappi Khorsandi mit ihrer Nase den »geheimen Gestank« (408) des Rassismus erkennt, so offenbaren sich jedoch auch problematische Zusammenhänge, wenn man den Duftspuren in dem Roman genauer nachgeht. Bei näherer Analyse zeigt sich, dass die Gerüche in politischer Hinsicht nicht neutral sind, sondern oftmals selbst Produkte der kulturellen Aneignung darstellen. So stammen die Duftessenzen, welche die Figuren zur Körperpflege verwenden, – etwa Sangre de Drago, Witch Hazel oder Moringaöl – allesamt aus nicht-europäischen Kulturen und wurden ursprünglich von indigenen Völkern verwendet. Oftmals fanden derartige Duftprodukte erst durch den Kolonialismus und die Besiedelung Nordamerikas ihren Weg nach Europa.[40] Die exotischen Produkte verwenden die Romanfiguren nun, um sich einen unverwechselbaren, einzigartigen Duft zu verleihen – während sie zugleich als scharfe Kritiker:innen jeglicher Form des (Neo-)Kolonialismus oder der kapitalistischen Ausbeutung anderer Nationen auftreten. An dem Basmatireis – dessen Duft die Wohnung der Postkolonialismus-Professorin erfüllt – entzündeten sich in den vergangenen Jahren erbitterte Debatten um »Biopiraterie« und den »Vorwurf neoliberale[r] Koloniali-

---

London: Secker & Warburg, S. 119.

38   Simmel, Georg (2013): Exkurs über die Soziologie der Sinne. In: Simmel, Georg: *Soziologie. Untersuchungen über die Formen der Vergesellschaftung*. Siebte Auflage. Berlin: Duncker & Humblot. S. 501–513, hier S. 508.

39   Maugham, William Somerset (1922): *On a Chinese Screen*. London: William Heinemann, S. 143.

40   Zu Witch Hazel als einer ursprünglich von den Native Americans verwendeten Heilpflanze vgl. Dutton, Joan Perry (1979): *Plants of Colonial Williamsburg. How to identify 200 of colonial America's flowers, herbs, and trees*. Williamsburg: The Colonial Williamsburg Foundation, S. 80. Zahlreiche der in *Identitti* zitierten Pflanzen – etwa das Öl des Moringa-Baums, Curcuma oder Drachenblut – werden auch in dem Lehrbuch *Koloniale Nutzpflanzen* aufgeführt, das Friedrich Tobler und Herbert Ulbricht 1941 aus, wie es im Vorwort heißt, »dem lebhaftesten kolonialen Interesse« publiziert haben. Tobler, Friedrich/Ulbricht, Herbert (1941): *Koloniale Nutzpflanzen. Ein Lehr- und Nachschlagebuch*. Leipzig: Hirzel.

sierung«.[41] Wie Reckwitz ausführt, bildet die Aneignung von Elementen verschiedenster Kulturen in der Gesellschaft der Singularitäten eine gängige Praxis. So ist das nach Einzigartigkeit strebende Subjekt der neuen Mittelklasse

> durch einen *Kulturkosmopolitismus* charakterisiert. Kultur erscheint ihm als globales Reservoir, reich gefüllt mit vielfältigen Elementen, die jeweils [...] potenzielle Gegenstände der Aneignung [...] sind; hier gibt es keine Besitzansprüche seitens verschiedener Herkunftsgemeinschaften mehr, sondern jedes kulturelle Element ist zumindest potenziell mit jedem kombinierbar.[42]

Das singuläre Leben wird so zu einem farbenfrohen Mosaik aus Elementen diverser Kulturen: »Man muss sich nicht zwischen dieser oder jener Kultur entscheiden, sondern kann problemlos kulturelle Versatzstücke aus indischer Spiritualität, italienischer Früherziehung, lateinamerikanischer Bewegungskultur und deutschem Ordnungssinn miteinander kombinieren.«[43] Auch in Saraswatis Wohnung mischen sich die Gerüche verschiedenster Kulturen: Es duftet nach Basmatireis, Dill, Ingwer, Mariengras, Chlorophyll, Litsea, Desinfektionsmittel, Witch Hazel, Sangre de Drago und getrockneten Tomaten. Die Frage, ob kulturelle Aneignung eine weltoffene, befreiende und starre Grenzen überwindende Praxis oder aber ein Beispiel für ausbeuterischen »racial capitalism« darstellt,[44] bildet ein Grundthema von *Identitti.* Anstatt einseitig Partei zu ergreifen, beleuchtet der Roman verschiedene Facetten des Phänomens und entfaltet so dessen unentscheidbare Ambivalenz.[45]

Ein ähnliches Oszillieren zwischen fruchtbaren und problematischen Momenten der kulturellen Aneignung prägt auch die Ebene des Olfaktorischen: Einerseits genießt Nivedita die Vielzahl an intensiven Düften, die Saraswatis Wohnung erfüllen. Andererseits besitzen die Gerüche oftmals auch eine problematische Note, die an die Geschichte des Kolonialismus erinnert. Dies gilt etwa für das Mariengras, das »in großen Büscheln in Saraswatis Blumenkästen« (187) wächst und einen angenehmen »Waldmeister-Zitrone-Vanillegeruch« (187) verströmt. Als es »[i]n der Spätabendsonne [...] intensiv zu duften« beginnt, erinnert sich Nivedita daran, »dass für nächstes Semester

---

41 Godt, Christine (2007): *Eigentum an Information. Patentschutz und allgemeine Eigentumstheorie am Beispiel genetischer Information.* Tübingen: Mohr Siebeck, S. 421.

42 Reckwitz (2018), S. 302.

43 Reckwitz (2018), S. 300.

44 Zu dieser Frage vgl. – allerdings ohne Bezug auf *Identitti* – u. a. Balzer, Jens (2022): *Ethik der Appropriation.* Berlin: Matthes & Seitz; Distelhorst, Lars (2021): *Kulturelle Aneignung.* Hamburg: Edition Nautilus.

45 Vgl. Teutsch, Katharina (2021): *Hautfarbe? Die kann sie ändern.* FAZ.net: https://www.faz.net/aktuell/feuilleton/buecher/rezensionen/belletristik/mithu-sanyals-roman-identitti-ueber-identitaetskaempfe-17273032.html 23.11.2023 (letzter Zugriff); Navratil (2023).

ein ganzes Seminar zu Postkolonialer Ökologie auf Saraswatis Lehrplan gestanden hatte, erste Sitzung: Mariengraszöpfe flechten und Robin Wall Kimmerers *Braiding Sweetgrass* lesen.« (358) Ein weiterer Verweis auf das Werk findet sich in der Literaturliste am Ende des Romans – in *Braiding Sweetgrass* lasse sich nachlesen, »was Mariengras mit Kolonialismus zu tun hat«. (431) Robin Wall Kimmerer ist eine Pflanzenökologin aus dem indigenen Stamm der Potowatomi, deren Familie Opfer von Vertreibung und Umsiedlung war. In ihrer vielbeachteten Essay-Sammlung[46] verflechtet sie traditionelles indigenes Wissen über Pflanzen mit kritischen Reflexionen zum Kolonialismus und dessen ausbeuterischem Naturverhältnis. Den roten Faden, der sich durch die einzelnen Abschnitte des Buchs zieht, bildet das Süßgras. Dieses beschreibt Kimmerer als »one of the four sacred plants of my people« und »a powerful ceremonial plant cherished by many Indigenous nations«.[47] In ihrer Sprache heiße es »*wiingashk*, the sweet-smelling hair of Mother Earth«.[48] Mythen zufolge war die wohlriechende Pflanze »the very first to grow on the earth, its fragrance a sweet memory of Skywoman's hand«.[49] Bei Skywoman handelt es sich um eine Frau, die am Beginn der Zeit aus dem Himmel gefallen sein soll, im Flug von helfenden Gänsen gefangen und auf den Rücken einer großen Schildkröte getragen wurde. Aus Dankbarkeit verteilte die Gerettete Früchte und Pflanzensamen, denen die üppige Flora der Erde entspross. Dem indigenen Mythos um Skywoman setzt Kimmerer kontrastiv die christliche Geschichte des Sündenfalls entgegen, die von Verboten, Vertreibung und Naturbeherrschung erzählt:

> On one side of the world were people whose relationship with the living world was shaped by Skywoman, who created a garden for the well-being of all. On the other side was another woman with a garden and a tree. But for tasting its fruit, she was banished from the garden and the gates changed shut behind her. That mother of men was made to wander in the wildness and earn her bread by the sweat of her brow, not by filling her mouth with the sweet juicy fruits that bend the branches low. In order to eat, she was instructed to subdue the wilderness into which she was cast. […] One story leads to the generous embrace of the living world, the other to banishment. One woman is our ancestral gardener, a cocreator of the good green world that would be the home of her descendants. The other was an exile, just passing through an alien world on a rough road to her real home in heaven. And then they met – the offspring of Skywoman and the children of Eve – and the land around us bears the scars of that meeting, the echoes of

---

[46]   Kimmerer, Robin Wall (2013): *Braiding Sweetgrass. Indigenous Wisdom, Scientific Knowledge, and the Teaching of Plants*. Minneapolis: Milkweed Editions. Vgl. hierzu auch Hsu (2023).
[47]   Kimmerer (2013), S. 5.
[48]   Kimmerer (2013), S. ix.
[49]   Kimmerer (2013), S. 5.

our stories. [...] Look at the legacy of poor Eve's exile from Eden: the land shows the bruises of an abusive relationship.[50]

Indem Sanyals Roman das Motiv des Mariengrases als intertextuelle Anspielung auf *Braiding Sweetgrass* markiert, entsteht eine Verbindung zwischen Saraswatis duftender Balkonbepflanzung und dem Schuldzusammenhang des Kolonialismus, den Robin Wall Kimmerer in ihrer Essay-Sammlung kritisch reflektiert. Ein bitterer Beigeschmack des Mariengrases zeigt sich auch gegen Ende des Romans: Nachdem Nivedita erfahren hat, dass Saraswati fortan einen Lehrstuhl für *Whiteness Studies* am »Jesus College« der Universität Oxford bekleiden wird und ihr Identitätsbetrug folglich keinerlei negative Auswirkungen auf ihre akademische Karriere hatte, erfüllt »der Geschmack von Mariengras [...] Niveditas Mund plötzlich stechend, doch sie unterdrückte den Würgreiz.« (413) Da in der zitierten Passage auch »Gott« und »Jesus« (413) erwähnt werden, tritt der christliche Beiklang des Wortes »*Marien*gras« besonders deutlich hervor. Angesichts der bei Kimmerer betonten Gegensätzlichkeit zwischen indigener und westlicher Kultur fällt es auf, dass in *Identitti* stets der christlich konnotierte Pflanzenname verwendet wird – und nicht etwa, wie in der deutschen Übersetzung von *Braiding Sweetgrass*, das neutrale Wort »Süßgras«.[51] Sogar bei der Beschreibung des indigenen Rituals, mithilfe geflochtener Zöpfe »böse Geister zu vertreiben«, ist von »Mariengraszöpfe[n]« (187) die Rede. Auf sprachlicher Ebene wird dabei sichtbar, wie sich das Christentum Elemente anderer Kulturen angeeignet und einverleibt hat.[52]

---

50 Kimmerer (2013), S. 7 ff. Man könnte an dieser Textpassage kritisieren, dass die biblischen Figuren Adam und Eva miteinander vermischt werden. In der Sündenfall-Erzählung ist es Adam – und nicht, wie Kimmerer nahelegt, Eva –, den Gott dazu verdammt, das Brot im Schweiße seines Angesichts zu essen und sich mit Mühsal von einem verfluchten Acker zu ernähren (vgl. Gen 3, 17). Eva wird dazu verurteilt, den Mann zu begehren, der aber stets als ihr Herr über sie bestimme. Damit gleicht sie nicht einem kolonialisierenden Subjekt, das sich die Natur unterwirft, sondern ist selbst Opfer von Macht und Repression. Es erscheint daher fraglich, ob die biblische Eva tatsächlich den Ursprung der westlichen Naturbeherrschung verkörpert oder nicht vielmehr deren erste Leidtragende. Was an Kimmerers Gegenüberstellung dennoch überzeugt, ist der Umstand, dass der Sündenfallmythos als Ganzer von Vertreibung, Exil sowie einem gewaltsamen Naturverhältnis erzählt und sich hierin von der indigenen Geschichte der Himmelsfrau unterscheidet.

51 Kimmerer, Robin Wall (2021): *Geflochtenes Süßgras. Die Weisheit der Pflanzen.* Aus dem Amerikanischen übersetzt von Elsbeth Ranke unter Mitarbeit von Wolfram Ströle und Friedrich Pflüger. Berlin: Aufbau.

52 Dass »Mariengras« erst der spätere Name für eine ursprünglich in »heidnischen« Zusammenhängen gebräuchliche Pflanze war, erläutert bereits Friedrich Nork in seiner 1848 erschienenen Mythologie der Volkssagen und Volksmärchen. Nork, Friedrich (1848): *Mythologie der Volkssagen und Volksmärchen. Eine Darstellung ihrer genetischen Entwicklung.* Stuttgart: Scheible, S. 888.

Die Gerüche sind in *Identitti* nicht nur mit den Themen der Klasse, des Rassismus und des Kolonialismus, sondern auch mit Geschlechterfragen verknüpft. Als Nivedita und ihre Cousine Priti in der Pubertät das Sexualleben zu erkunden beginnen, stoßen sie auf das Buch *The Joy of Sex* aus den 1970er Jahren. In dem als »progressiv« (173) geltenden Werk heißt es dort über den Geruch des weiblichen Geschlechtsorgans: »*Schuhleder ›fixiert‹ aus dem Fußschweiß die gleichen Fettsäuren, die in der Vagina vorhanden sind und männliches Sexualverhalten bei Affen und Menschenaffen anregen. Obwohl sie […] eher ranzig riechen, üben sie vielleicht doch einen unterschwelligen Reiz auf den Mann aus.*« (172)

Die hier vorgenommene Assoziation des starken Geruchs mit Weiblichkeit, Archaik und Animalität hat in der westlichen Kulturgeschichte eine lange Tradition.[53] Besonders Sigmund Freud stellt in seiner Studie *Das Unbehagen in der Kultur* eine enge Verbindung zwischen olfaktorischen Reizen, Weiblichkeit und einer vorzivilisatorischen Zeit des Tierischen her.[54] Die Kultur beginnt ihm zufolge in dem Moment, als der Mensch den aufrechten Gang erlernt, seine Nase vom Boden entfernt und die vormals intensiven Geruchseindrücke fortan zu Elementen einer überwundenen, niederen Phase abwertet. Indem der aufrechte Gang die ursprünglich erregenden olfaktorischen Reize mit dem Tabu des Atavistischen belegt, avanciert er zur »Quelle der Moral«[55] und gleichzeitig zum Ursprung der Sexualverdrängung. Während die Gerüche phylogenetisch an die tierische Vorzeit des Menschen gemahnen, ordnet Freud sie ontogenetisch dem Säugling zu, der – wie es unter Rückgriff auf Augustinus heißt – »inter urinas et feces«,[56] also zwischen Fäkalien und Urin, das Licht der Welt erblickt und auch die Mutter zunächst vor allem riecht. Die mit dem Maternalen, Tierischen und Archaischen assoziierten Geruchseindrücke unterliegen im Laufe der Zivilisationsgeschichte einer rigiden Verdrängung – deren Preis allerdings das »Unbehagen in der Kultur«[57] darstellt.

Mithu Sanyals Roman *Identitti* widersetzt sich dieser Tabuisierung des Olfaktorischen. Nachdem Priti und Nivedita die misogyne Textpassage über den ranzigen Geruch des weiblichen Geschlechtsorgans gelesen haben, fordern sie ihren Freund Yannik

---

53   Vgl. Hsu (2023), S. 253.

54   Vgl. Freud, Sigmund (2013): *Das Unbehagen in der Kultur. Und andere kulturtheoretische Schriften.* 3. Auflage. Frankfurt/M.: Fischer, S. 64 f. Vgl. hierzu Menninghaus, Winfried (2002): *Ekel. Theorie und Geschichte einer starken Empfindung.* Frankfurt/M.: Suhrkamp, S. 278 ff. und Mavor, Carol (2006): *Odor di Femina:* Though You May Not See Her, You Can Certainly Smell Her. In: Drobnick, Jim (Hg.): *The Smell Culture Reader.* Oxford/New York: Routledge, S. 277–288, hier S. 282.

55   Freud, Sigmund (1986): *Briefe an Wilhelm Fließ* 1887–1904, hg. von Jeffrey Moussaieff Mason. Frankfurt/M.: Fischer, S. 266. Vgl. Menninghaus (2002), S. 278.

56   Freud (2013), S. 72.

57   Freud (2013).

auf, an ihnen zu riechen – statt Scham und Selbstekel zu empfinden, begehren sie damit gegen die Abwertung des Weiblichen auf. Außerdem kommt in dem Roman die »This-smells-like-my-vagina-Kerze« (115) der US-amerikanischen Schauspielerin Gwyneth Paltrow vor. Die Idee, den Geruch des eigenen Geschlechtsorgans nachzubilden und »für achtzig Euro« (115) zu verkaufen, bildet einen provokanten Gegenentwurf zu einer repressiven Kultur, die normalerweise nur für die schamhafte Übertünchung von Körpergerüchen Geld zu zahlen bereit ist.

Für Freud wecken Gerüche Erinnerungen an frühere Zeiten – in einem Brief an Wilhelm Fließ schreibt er: »Grob gesagt, die Erinnerung stinkt aktuell, wie in der Gegenwart das Objekt stinkt.«[58] Die mnemonische Kraft von Gerüchen und Geschmackseindrücken ist spätestens seit der berühmten Madeleine-Szene aus Prousts *Suche nach der verlorenen Zeit* bekannt.[59] Ihr verdankt sich der Name des sogenannten »Madeleine-Effekts«,[60] der das Phänomen beschreibt, dass ein Duft oder Geschmack Erinnerungen zu wecken vermag und Vergangenes plötzlich wieder lebendig und gegenwärtig erscheinen lässt. Ein mnemonisches Potential entfaltet der Geruch auch in *Identitti:* So riechen Lügen für Nivedita stets »nach Asphalt und verbrannten Wiesen« (191), da dies die olfaktorischen Eindrücke des lange zurückliegenden Sommers waren, in dem sie erfahren musste, dass ihre Cousine Priti heimlich zum selben Jungen wie sie eine Liebesbeziehung unterhielt. Der »scharfe[], zitronige[] Duft« des Dills auf Saraswatis Fensterbank wiederum dringt »durch Niveditas aufsteigende Müdigkeit [...] wie eine Erinnerung an Geschichten mit Gespenstern und gefahrvollen Prüfungen, die nur ein Mädchen mit reinem Herzen bestehen konnte.« (103) Als sie morgens zum »Geruch von verbranntem Toastbrot« erwacht, fühlt sie sich unwillkürlich an ihren Freund Simon erinnert, mit dem sie eine äußerst konfliktreiche, von zahlreichen Kränkungen geprägte Beziehung führt und der aus einer Laune heraus bereits zum wiederholten Mal plötzlich den Kontakt zu ihr abgebrochen hat:

Der süßlich-verkohlte Geruch von Brot, das sich im elektrischen Käfig eines Toasters verfangen hatte und bis zur Befreiung aus seinem Gefängnis qualmte, transportierte Nivedita in Gedanken in Simons Küche, wo er vielleicht gerade jetzt wie so oft ebenfalls schwarze Asche herunterkratzte und dabei eine feine Staubschicht um die nach diversen Ordnungseinheiten bis hin zu Korken und Konservendeckeln aufgeteilten Mülleimer hinterließ, bevor er H-Sahne in seinen Tee schüttete. (196)

---

58 Freud (1986), S. 303.

59 Vgl. hierzu auch Drobnick, Jim (2006): Introduction: Olfactocentrism. In: Drobnick, Jim (Hg.): *The Smell Culture Reader.* Oxford/New York: Routledge, S. 1–12, hier S. 1.

60 Vgl. Ohloff, Günther (2004): *Düfte. Signale der Gefühlswelt.* Zürich: Verlag Helvetica Chimica Acta, S. 196.

Dass der negativ konnotierte Geruch von verbranntem Brot bei Nivedita Assoziationen an ein »Gefängnis« und daraufhin an Simons in penible »Ordnungseinheiten« aufgeteilte Küche weckt, könnte man bereits als Anzeichen für die äußerst ambivalenten Gefühle deuten, die ihr zu diesem Zeitpunkt noch nicht bewusst sind. Während sie über Wochen hinweg sehnsüchtig darauf brennt, er möge sich bei ihr melden und sie aus der Ungewissheit befreien, erkennt sie am Ende des Romans, wie sehr die quälend unbeständige Beziehung zu einem Gefängnis geworden ist, das sie am Leben hindert. Das intuitive Wissen der Nase, welches den negativen Sinneseindruck unwillkürlich mit dem Gedanken an Simon verknüpft, ist den rationalen Gedankengängen zeitlich weit voraus.

Das Olfaktorische antizipiert nicht nur Niveditas Trennung, sondern dient in dem Roman auch zur Markierung weiterer lebensgeschichtlich bedeutsamer Schwellen: So herrscht bei Niveditas prägendem ersten Besuch in Birmingham »Sommer, grell und gelb wie Art Stuff Glitter Lotion, wie Kurkumareis, wie die Duftbleistifte, die sie und ihre dreizehn Monate ältere Cousine Priti anspitzten, bis sie Stummel waren, um ihren synthetischen Duft zu inhalieren.« (41) Als Nivedita die »heiligen Hallen des Deutschlandfunks« (12) betritt, um ihr folgenreiches Interview zu geben, riecht es in dem Gebäude »nach Kerzenwachs und Kunstleder wie bei einer Mischung aus Finanzamt und Geheimdienst, falls der Bundesnachrichtendienst so roch, wie James-Bond-Filme aussahen.« (12) Bevor sie heimlich den Vibrator ihrer Professorin benutzt und damit den »intensivsten Orgasmus seit Monaten« (195) erlebt, verstärkt »der Duft des sofort verdunstenden Alkohols« (193), den sie zur Desinfektion verwendet, ihr »Gefühl, etwas Außerordentliches und außerordentlich Verbotenes zu tun« (193 f.). Auch eine weitere für den Romanverlauf bedeutsame Szene wird in einer olfaktorischen Bildlichkeit beschrieben: Als die Professorin vor die Menge ihrer empörten Studierenden tritt und diesen mit eindrucksvoller Eloquenz die Frage stellt, wer berechtigt sei, über die Bedeutung des Begriffs »PoC« zu entscheiden, atmet sie die darauffolgende »allgemeine Verunsicherung ein wie Pheromone« (249). Der Vergleich mit Pheromonen erscheint hier als Mittel der indirekten Figurencharakterisierung: Dass Saraswati von der verunsichernden Wirkung der eigenen Rede ähnlich erregt wird wie von Sexuallockstoffen, entspricht ihrem Bedürfnis, stets im Mittelpunkt der Aufmerksamkeit zu stehen und sämtliche traditionellen Erwartungen zu sprengen. Es geht ihr offenkundig weniger um den Austausch intellektueller Argumente als vielmehr um einen effektvollen Auftritt.

Eindrücklich verweist die Existenz von Pheromonen – olfaktorischen Lockstoffen, die unterhalb der Bewusstseinsschwelle über Sympathie und Liebe entscheiden[61] – auf die Macht von Gerüchen: Vor jeder vernunftgeleiteten Prüfung beeinflussen diese das

---

61   Achenbach, Reinhard (2004): *Hyperhidrosis. Physiologisches und krankhaftes Schwitzen in Diagnose und Therapie.* Berlin/Heidelberg: Springer, S. 29.

Verhältnis zu anderen Personen. Strukturverwandt mit den subtil wirkenden Pheromonen ist eine für die Professorin kennzeichnende Eigenschaft: ihr ausgeprägtes Charisma, dem sie auch den Spitznamen »*Charismati Saraswati*« (19) verdankt.[62] Die machtvolle Wirkung, die Saraswati auf andere ausübt, entspringt in dem Roman keineswegs nur ihren intellektuellen Fähigkeiten, sondern vielmehr der Aura, die sie – ähnlich wie eine Wolke aus charakteristischem Geruch – umgibt. Als sich Saraswati und Oluchi feindlich in die Augen sehen, denkt Nivedita unwillkürlich:

> *Sie machen mit den Augen Armdrücken* […]. Nur dass das Blickduell zwischen Saraswati und Oluchi eher Auradrücken war. Sie kämpften nicht um unterschiedliche Ansichten, sie differierten auf einer Ebene, die tiefer lag als Worte, tiefer sogar als Gefühle, und keiner von ihnen konnte nachgeben, weil sie damit ihr Sein negiert hätte, all ihre subkutanen Lebensreaktionen. (302)

Auf einer solchen unterschwelligen, ebenso schwer greifbaren wie wirkungsmächtigen Ebene der »subkutanen Lebensreaktionen« (302) operieren auch Pheromone.

Die bisherige Analyse galt vornehmlich dem Zeichencharakter des Olfaktorischen. Untersucht wurde, inwiefern die Gerüche auf anderes verweisen – sei es auf einen bestimmten Lebensstil, auf kolonialistische Strukturen, auf Charakterzüge einzelner Figuren oder auf Ereignisse in der Vergangenheit. Allerdings erschöpft sich die Funktion des Olfaktorischen nicht darin, lediglich Zeichen für anderes zu sein. Vielmehr besitzen die Gerüche in dem Roman auch einen ästhetischen Eigenwert. Durch die detaillierte Schilderung von Düften entstehen immer wieder Momente der Präsenz und der atmosphärischen Dichte,[63] die ein sinnliches Gegengewicht zu den abstrakt-vergeistigten Theoriedebatten bilden, in welchen sich die Figuren zu verlieren drohen. Diese präsenzerzeugende Kraft des Olfaktorischen soll abschließend genauer betrachtet werden.

III. Bücher als »Einmachgläser für Gerüche und Gefühle«

»Für Nivedita waren Bücher Einmachgläser für Gerüche und Gefühle und erst danach für Geschichten und Gedanken« (189), heißt es an einer eingangs bereits zitierten

---

62　Vgl. Rieger-Ladich, Markus (2023): Charismati Saraswati. Von Studierenden und Lehrenden in Zeiten der Identitätspolitik. In: Kuhlmann, Nele/ Rose, Nadine/ Hilbrich, Ole·et al. (Hgg.): *Sozialtheoretische Erziehungswissenschaft. Konturen eines Theorie- und Forschungsprogramms.* Wiesbaden: Springer, S. 313–333.

63　Zur Erzeugung von Atmosphären durch olfaktorische Schilderungen vgl. Rindisbacher (1992) und (2015), S. 88; Hsu (2023).

Schlüsselstelle des Romans. Tatsächlich erweisen sich »Gerüche und Gefühle« in *Identitti* als eng miteinander verbunden.[64] So duftet Saraswatis Tee »nach Tannin und Geborgenheit« (95), ihre Wohnung »nach Basmatireis und Gemeinsamkeit« (152). Die Assoziation des Dufts mit »Gemeinsamkeit« stimmt zu der Tatsache, dass Gerüche oftmals ein gemeinschaftsstiftendes Moment besitzen: Indem sie die ganze Wohnung erfüllen, affizieren sie alle dort Anwesenden. Dadurch weicht das klassische westliche Verständnis von Individuen als klar getrennten, abgeschotteten Einzelentitäten einer Erfahrung der »Gemeinsamkeit« (152) und des geteilten Raums.[65]

Die Gerüche verweisen in *Identitti* bisweilen auch über die Grenzen des Romans hinaus auf andere Werke, in denen das Olfaktorische eine ähnlich wichtige Rolle spielt. So könnte man den Vergleich von Büchern mit Einmachgläsern als intertextuelle Referenz zu Salman Rushdies Roman *Midnight's Children* deuten, in dem »pickle jar[s]«[66] ebenfalls Medien der poetologischen Selbstreflexion darstellen. Im 30. Kapitel, das den Titel »Abracadabra« trägt, schreibt die Erzählinstanz:

> I [...] have pickled chapters. Tonight, by screwing the lid firmly on to a jar bearing the legend *Special Formula No. 30: ›Abracadabra‹*, I reach the end of my long-winded autobiography; in words and pickles, I have immortalized my memories, although distortions are inevitable in both methods. (642)

An einer anderen Stelle des Romans wird die Überzeugung geäußert,

> that the only important divisions were the infinitely subtle gradations of good and evil smells. Having realized the crucial nature of morality, having sniffed out that smells could be sacred or profane, I invented [...] the science of nasal ethics. (442)

Düfte üben in *Midnight's Children* eine starke Macht aus.[67] So verfällt Saleem einer alten Prostituierten, weil sie einen unwiderstehlichen Geruch verströmt: »But her smell! The richest spoor he, Saleem, had ever sniffed; he felt bewitched by something in it, some air of historic majesty...« (443) Wie der Duft hier eine betörende Kraft entfaltet und das

---

64 Dass Gerüche oftmals mit starken Emotionen verknüpft sind, zeigen – allerdings ohne Bezug auf *Identitti* – u.a. Classen/Howes/Synnott (1994), S. 2; Babilon (2017); Herold, Katharina/Krause, Frank (2021): Introduction. In: Herold, Katharina/Krause, Frank (Hgg.): *Smell and Social Life. Aspects of English, French and German Literature (1880–1939)*. München: Iudicium, S. 10–21, hier S. 21.

65 Vgl. Hsu (2023), S. 266 f.

66 Rushdie, Salman (2008): *Midnight's Children*. London: Vintage Books, S. 642. Rushdies Roman *The Satanic Verses* wird in *Identitti* explizit zitiert (vgl. 182, 426).

67 Vgl. hierzu u.a. Kortenaar, Neil Ten (2004): *Self, Nation, Text in Salman Rushdie's Midnight's Children*. Montreal/Kingston/London/Ithaca: McGill-Queen's University Press.

Begehren der Figur erregt, so hängen Gerüche und Affekte in *Identitti* eng miteinander zusammen.

Durch die olfaktorischen Schilderungen erzeugt Sanyals Roman eine Atmosphäre, in der sich die emotionale Gestimmtheit der Figuren verdichtet. Als Saraswati nach einem hitzigen Wortgefecht wieder einen versöhnlichen Ton anschlägt, kehrt schlagartig die Wärme »zurück in Niveditas Glieder, mehr als das: Die Farben waren wieder farbig, die Welt war wieder erfüllt von Gerüchen und Geräuschen, und nicht alle davon waren angenehm, aber sie waren dennoch da und Nivedita nicht mehr vollkommen allein in einem trostlosen Universum.« (284 f.) Während Saraswati mit Raji streitet, liegt »etwas in der Luft, stechend und süß wie der Geruch von Kampfer, wie alte Wunden, die pochend aufbrachen«. (277) Indem sie den dargestellten Situationen eine sinnesaffizierende Intensität und Lebendigkeit verleihen, offenbaren die Geruchsbeschreibungen ihr poetisches Potential. Von Roland Barthes stammt der berühmte Satz: »Écrite, la merde ne sent pas« (»[G]eschrieben stinkt Scheiße nicht.«).[68] Zwar geht auch von Sanyals Roman kein realer Geruch aus: Über die genaue Schilderung subtilster Duftnuancen gelingt es ihm jedoch, die Sinne der Lesenden zu stimulieren und Momente der Immersion zu erzeugen. Diese sind es unter anderem, die *Identitti* davor bewahren, lediglich ein »zäh[es]«, »lähmend[es]«, »als Literatur deklariertes […] Proseminar über die Theorien und Probleme der postkolonialen Studien«[69] darzustellen – wie eine der wenigen negativen Buchrezensionen den Roman beschrieb.

Während die theoretischen Debatten der Figuren stets an einen Punkt gelangen, an dem sich ihre Aporien, unlösbaren Widersprüche und Kollisionen mit der Lebenswelt offenbaren, wird das Glücksversprechen, das sich mit den Düften und anderen Sinneseindrücken verbindet, nicht gebrochen. Daher gleicht *Identitti* weniger einer Schulung in postkolonialer Theorie als vielmehr einer Schulung der Sinne. Vor der zitierten Textpassage, die Bücher als »Einmachgläser für Gerüche und Gefühle« bezeichnet, wird beschrieben, dass Saraswatis Gästezimmer »voller Verheißung« sei und insbesondere die Bücher »Nivedita ihre bunten Rücken entgegen[streckten] wie lauter unmoralische Angebote: Berühre uns, fühl das Knistern der Seiten zwischen deinen Fingern, öffne uns, oh, öffne uns!« (189) Statt als primär intellektueller Vorgang erscheint Lesen damit als sinnliches Ereignis, bei dem Tasten, Riechen und Fühlen eine zentrale Rolle spielen. Sanyals Roman ist denn auch kein Plädoyer für eine bestimmte Position in Fragen der Identitätspolitik oder der kulturellen Aneignung, sondern vielmehr eine Einladung, das – jenseits aller theoretischen Wahrheitskämpfe liegende – Glückspotential der Sinne wahrzunehmen.

---

68 Barthes, Roland (1974): *Sade Fourier Loyola.* Aus dem Französischen von Maren Sell und Jürgen Hoch. Frankfurt/M.: Suhrkamp, S. 156.

69 Schandor, Werner (2021): Im falschen Proseminar. In: *Wiener Zeitung*, 22.02.2021.

Während für die Literaturwissenschaft lange Zeit vor allem die hermeneutische Kategorie der Bedeutung leitend war, entstanden in den vergangenen Jahren ästhetische Ansätze, deren Aufmerksamkeit den leiblichen Dimensionen der Kunst – etwa Phänomenen wie Atmosphären, Stimmungen oder Präsenzmomenten – galt.[70] Dass Bücher keineswegs nur »Geschichten und Gedanken« (189) transportieren, sondern zugleich Speicher sinnlicher Erfahrungen sind, macht *Identitti* eindrücklich spürbar. Mit dem Riechen dominiert eine Form der Wahrnehmung, der – anders als etwa dem Sehen – traditionell eine besondere Vernunftferne attestiert wurde. Auch sind die Objekte des Riechens in dem Roman vornehmlich nicht-menschlicher Natur: So werden der »Geruch von Herbstastern« (41), die »nach frisch gefallenem Laub riechende Herbstnacht« (206), die »nach Regen« (363) riechende Luft oder ein »nach Tier, nach homöopathisch verdünnter Hundeessenz« (313 f.) riechender Teich geschildert.

Die mit intensiven olfaktorischen Eindrücken verbundene Natur[71] erscheint als sinnliche Gegenwelt zu den abstrakten Theorie-Diskussionen, die in den sozialen Medien stattfinden. Nach Saraswatis Entlarvung ergießt sich auf Twitter eine ganze Flut an Stellungnahmen zu dem Fall – während die eine Partei der Professorin Betrug und kulturelle Aneignung vorwirft, verteidigen die anderen ihren Identitätswechsel als konsequente Umsetzung poststrukturalistischer Performativitätstheorien. Immer wieder geht es um die Frage, ob überhaupt ein Jenseits der Konstruktion existiert oder ob auch vermeintlich körperliche Gegebenheiten in Wirklichkeit nur Diskurseffekte darstellen. Die virtuelle Welt erscheint dabei als körperlose Sphäre, in der eine Vielzahl von Stimmen über die Dekonstruktion des Materiellen debattiert und alle vermeintlich festen Standpunkte in Bewegung geraten. Von den sich in immer abstraktere Höhen aufschraubenden Diskussionsspiralen wird Nivedita mehrfach »schwindelig« (15) und sie sehnt sich danach, die Situation möge durch irgendjemanden wieder »geerdet« (295) werden. Eine solche erdende Funktion übernimmt der Geruch der Natur. Dies zeigt sich etwa in einer Szene, in der Nivedita abends fluchtartig das »vom blauen Nachlicht« der auf Twitter »eintrudelnden Wutbekundungen beleuchtete Wohnzimmer« (186) verlässt und an den Bücherstapeln vorbei auf den Balkon tritt. Draußen atmet sie den intensiven Geruch der Pflanzen ein – »[a]ls ginge sie das alles nichts an, duftete und flirrte die Dunkelheit.« (187) Die Dunkelheit bildet einen wohltuenden Gegensatz zu dem von den eintreffenden Twitter-Nachrichten erhellten Wohnzimmer.

---

70 Vgl. u.a. Böhme, Gernot (2013): *Atmosphäre. Essays zur neuen Ästhetik.* Berlin: Suhrkamp; Gumbrecht, Hans-Ulrich (2011): *Stimmungen lesen. Über eine verdeckte Wirklichkeit der Literatur.* München: Hanser; Gumbrecht, Hans-Ulrich (2012): *Präsenz,* hg. von Jürgen Klein. Berlin: Suhrkamp.

71 Zu literarischen Darstellungen der duftenden Natur von der Aufklärung bis in die Gegenwartsliteratur vgl. Krause (2023).

An die Stelle der unzähligen empörten Posts tritt die sinnliche »Fülle der Nacht« und Nivedita fühlt sich von dem »summenden, knisternden Leben um sie herum überflutet« (187). Die Sorgen und Konflikte weichen plötzlich dem Gefühl, »dass jede Schönheit genossen werden musste und dass das nicht zu tun epochale Verschwendung sei« (187). Die verführerisch-beglückende Intensität, die vom Duft der Natur ausgeht und alle theoretischen Probleme zumindest momenthaft weniger bedeutsam erscheinen lässt, begegnet auch in anderen Passagen des Romans. So öffnet die indische Göttin Kali einmal nach einer langen Debatte – in deren Verlauf sie beiläufig einen Sitzsack »dematerialisiert[]« (87) – das Fenster und »der süße Lindenblütengeruch erfüllte den Raum wie ein Gefühl von Glück, ein Schwall illegitimer Freude, den Nivedita zwar komplett deplatziert fand, aber dennoch begierig aufsog.« (87) Abermals bildet der Naturduft hier einen sinnlichen Gegenpol zu den Diskussionen, welche die Grenzen zwischen Fiktion und Realität, Konstruiertem und Materiellem auf schwindelerregende Weise destabilisieren – indem Kali zunächst nur als imaginäre Gesprächspartnerin der Protagonistin erscheint, später jedoch auch von deren Freundinnen gesehen werden kann, macht sie Einbildung und Wirklichkeit endgültig unentscheidbar. Gegenüber allen Dekonstruktionen verweist der den ganzen Raum erfüllende »Lindenblütengeruch« (87) nachdrücklich auf die leibliche Dimension der Welterfahrung.

Allerdings wäre es problematisch, den Duft gänzlich einer Sphäre der unmittelbar präsenten, von allen kulturellen Codierungen und Diskursen unberührten Natur zuzuordnen. Wie die Analyse gezeigt hat, sind Gerüche in dem Roman selbst an der Konstruktion von Geschlechter-, Race- oder Klassenidentitäten beteiligt. Als Phänomen, das einerseits die tierisch-instinkthafte Seite des Menschen betrifft, andererseits jedoch Teil verfeinerter Zivilisationspraktiken ist, diffundiert das Phänomen des Olfaktorischen gewissermaßen über die Grenzen zwischen Natur und Kultur hinweg.[72] Es verweist gleichermaßen auf die unhintergehbare Leiblichkeit wie auf die soziale Überformung der menschlichen Welterfahrung.

Sanyals Roman endet mit einem Blog-Post von Nivedita, in dem diese emphatisch daran erinnert, dass »das, was uns alle verbindet, unsere Verletzlichkeit ist. Menschsein heißt Verletzlichsein. Aber wir sind eben nicht nur im Schmerz vereint, sondern auch in der Liebe. Im Interesse aneinander, in Empathie und Anteilnahme.« (416 f., Hervorh. d. Orig.) Für Judith Butler, deren Theorie hier zitiert wird, erwächst die geteilte Verletzbarkeit aus der Tatsache, dass alle Menschen verkörperte Wesen sind und damit existenziell von Schutz, Nahrung und anderen materiellen Bedingungen abhängen.[73] Die positive Kehrseite der mit der Verkörperung verbundenen Vulnerabilität bildet eine

---

72   Zur grenzauflösenden Tendenz des Geruchs vgl. Graham (2006), S. 315.

73   Zu Butlers Konzept der Vulnerabilität vgl. Pistrol, Florian (2016): Vulnerabilität. Erläuterungen zu einem Schlüsselbegriff im Denken Judith Butlers. In: *Zeitschrift für Praktische Philosophie* 3/1, S. 233–272.

grundlegende Affizierbarkeit und Berührungsoffenheit gegenüber der Welt, die auch als genussvoll erlebt werden kann.[74] Dass Menschen existenziell auf das Atmen angewiesen sind und so in beständigem Austausch mit ihrer Umgebung stehen, kann einerseits – wie etwa im Falle George Floyds[75] – zum Angriffspunkt tödlicher Verletzungen werden, ermöglicht es andererseits jedoch auch, Düfte und Gerüche genießen zu können. Sanyals Roman liest sich als kraftvolles Plädoyer dafür, die Glücksutopie wahrzunehmen, welche sich mit der von allen Menschen geteilten Leiblichkeit verbindet. Der Duft der Natur und der Wohlgeruch eines parfümierten Körpers bewirken immer wieder Momente intensiven Genusses, der nicht davon beeinträchtigt wird, dass man auf theoretischer Ebene vielleicht nur die Nase über die anderen rümpfen kann.

Der hier unternommene Versuch, den Spuren des Geruchs in Mithu Sanyals Roman *Identitti* zu folgen, führte in die verschiedensten Bereiche der modernen Lebenswelt: zu spätmodernen Praktiken der Singularisierung und Distinktion; zu Prozessen subtilunterschwelliger Diskriminierung und (neo-)kolonialistischer Ausbeutung; zu Techniken des olfaktorischen Widerstands gegen die jahrhundertelange Abwertung des Weiblichen; zu einem Bewusstsein der von allen Menschen geteilten Leiblichkeit; und schließlich zur Literatur selbst, die Düfte in sich aufnimmt, um auf diese Weise Atmosphären, Präsenzmomente und sinnlichen Genuss zu erzeugen. Angesichts dieser Vielzahl von historisch, sozial und ästhetisch bedeutsamen Komponenten, aus denen sich das Phänomen des Geruchs zusammensetzt, erscheint es lohnend, bei der Literaturanalyse bisweilen die ausgetretenen Pfade zu verlassen und einmal nur der Nase nach zu gehen.

Literaturverzeichnis

Primärliteratur

Bibel. Nach Martin Luthers Übersetzung. Stuttgart: Deutsche Bibelgesellschaft, 2017.
Freud, Sigmund (1986): Briefe an Wilhelm Fließ 1887–1904, hg. von Jeffrey Moussaieff Mason. Frankfurt/M.: Fischer.
Freud, Sigmund (2013): Das Unbehagen in der Kultur. Und andere kulturtheoretische Schriften. 3. Auflage. Frankfurt/M.: Fischer.
Kafka, Franz (1990): Tagebücher, hg. von Hans-Gerd Koch/Michael Müller/Malcolm Pasley, Frankfurt/M.: Fischer.

---

74 Vgl. Butler, Judith (2010): *Raster des Krieges. Warum wir nicht jedes Leid beklagen. Aus dem Englischen von Reiner Ansén*. Frankfurt/M./New York: Campus, S. 39; 58.
75 George Floyds Satz »Ich kann nicht atmen« wird in *Identitti* explizit zitiert (398).

Kant, Immanuel (1980): Anthropologie in pragmatischer Hinsicht, hg. von Karl Vorländer. Hamburg: Felix Meiner.

Maugham, William Somerset (1922): On a Chinese Screen. London: William Heinemann.

Nietzsche, Friedrich (1997): Götzendämmerung. In: Nietzsche, Friedrich: Werke in drei Bänden. Bd. 2. Hg. von Karl Schlechta. Darmstadt: Wissenschaftliche Buchgesellschaft.

Orwell, George (1996): The Road to Wigan Pier. In: Orwell, George: The Works. Volume Five. London: Secker & Warburg.

Rushdie, Salman (2008): Midnight's Children. London: Vintage Books.

Sanyal, Mithu (2021): Identitti. München: sHanser.

Simmel, Georg (2013): Exkurs über die Soziologie der Sinne. In: Simmel, Georg: Soziologie. Untersuchungen über die Formen der Vergesellschaftung. Siebte Auflage. Berlin: Duncker & Humblot. S. 501–513.

Tobler, Friedrich/Ulbricht, Herbert (1941): Koloniale Nutzpflanzen. Ein Lehr- und Nachschlagebuch. Leipzig: Hirzel.

Walser, Robert (2003): Feuer. Unbekannte Prosa und Gedichte, hg. von Bernard Echte, Frankfurt/M.: Suhrkamp.

Sekundärliteratur

Achenbach, Reinhard (2004): Hyperhidrosis. Physiologisches und krankhaftes Schwitzen in Diagnose und Therapie. Berlin/Heidelberg: Springer.

Babilon, Daniela (2017): The Power of Smell in American Literature. Odor, Affect, and Social Inequality. Frankfurt/M.: Peter Lang.

Balzer, Jens (2022): Ethik der Appropriation. Berlin: Matthes & Seitz.

Barthes, Roland (1974): Sade Fourier Loyola. Aus dem Französischen von Maren Sell und Jürgen Hoch. Frankfurt/M.: Suhrkamp.

Baßler, Moritz (2022): Populärer Realismus. Vom International Style gegenwärtigen Erzählens. München: C.H. Beck.

Böhme, Gernot (2013): Atmosphäre. Essays zur neuen Ästhetik. Berlin: Suhrkamp.

Bourdieu, Pierre (1987): Die feinen Unterschiede. Kritik der gesellschaftlichen Urteilskraft. Frankfurt/M.: Suhrkamp.

Butler, Judith (2010): *Raster des Krieges. Warum wir nicht jedes Leid beklagen.* Aus dem Englischen von Reiner Ansén. Frankfurt/M./New York: Campus.

Corbin, Alain (1984): Pesthauch und Blütenduft. Eine Geschichte des Geruchs. Aus dem Französischen von Grete Osterwald. Berlin: Wagenbach.

Dietz, Christopher (2002): »Wer nicht riechen will, muß fühlen«. Geruch und Geruchssinn im Werk Heimitos von Doderer. Wien: Edition Praesens.

Distelhorst, Lars (2021): Kulturelle Aneignung. Hamburg: Edition Nautilus.

Drobnick, Jim (2006): Introduction: Olfactocentrism. In: Drobnick, Jim (Hg.): The Smell Culture Reader. Oxford/New York: Routledge, S. 1–12.

Dutton, Joan Perry (1979): Plants of Colonial Williamsburg. How to identify 200 of colonial America's flowers, herbs, and trees. Williamsburg: The Colonial Williamsburg Foundation.

Frey, Winfried: Juden, Hexen, Teufel. Der »teuflische Gestank« als Kennzeichen für »Außenseiter« über Jahrhunderte. In: Schindler, Andrea (Hg.): Mediävistische Perspektiven im 21. Jahrhundert. Festschrift für Ingrid Bennewitz zum 65. Jahrhundert. Wiesbaden: Reichert 2021, S. 171–191.

Gans, Michael (2008): Immer der Nase nach. Olfaktorik im Roman und Film. Am Beispiel von Patrick Süskinds Roman *Das Parfum* und der gleichnamigen Verfilmung von Tom Tykwer. In: Gans, Michael/Jost, Roland/Kammerer, Ingo (Hgg.): Mediale Sichtweisen auf Literatur. Baltmannsweiler: Schneider-Verlag Hohengehren, S. 46–58.

Godt, Christine (2007): Eigentum an Information. Patentschutz und allgemeine Eigentumstheorie am Beispiel genetischer Information. Tübingen: Mohr Siebeck.

Görner, Rüdiger (2014): Das parfümierte Wort. Die fünf Sinne in literarischer Theorie und Praxis. Freiburg i.Br.: Rombach. (= Die Salzburger Vorlesungen I).

Groenheim, Hannah von (2018): Subjektivierung in Prozessen struktureller Diskriminierung am Beispiel der Fluchtmigration. In: Ceylan, Rauf/Ottersbach, Markus/Wiedemann, Petra (Hg.): Neue Mobilitäts- und Migrationsprozesse und sozialräumliche Segregation. Wiesbaden: Springer VS, S. 223–241.

Gumbrecht, Hans-Ulrich (2011): Stimmungen lesen. Über eine verdeckte Wirklichkeit der Literatur. München: Hanser.

Gumbrecht, Hans-Ulrich (2012): Präsenz. Hg. von Jürgen Klein. Berlin: Suhrkamp 2012.

Herold, Katharina/Krause, Frank (Hgg.) (2021): Smell and Social Life. Aspects of English, French and German Literature (1880–1939). München: Iudicium.

Honold, Alexander (2022): Richtig triggern. Postkoloniale Maieutik in Mithu Sanyals *Identitti*. In: Acta Germanica, Jg. 50, S. 271–281.

Hsu, Hsuan L. (2023): Olfactory Futures in Bipoc Speculative Fiction. In: Kern-Stähler, Annette/Robertson, Elizabeth (Hg.): Literature and the Senses. Oxford: Oxford University Press, S. 253–268.

Kortenaar, Neil Ten (2004): Self, Nation, Text in Salman Rushdie's *Midnight's Children*. Montreal/Kingston/London/Ithaca: McGill-Queen's University Press.

Jütte, Robert (2000): Geschichte der Sinne. Von der Antike bis zum Cyberspace. München: C.H. Beck.

Kimmerer, Robin Wall (2013): Braiding Sweetgrass. Indigenous Wisdom, Scientific Knowledge, and the Teaching of Plants. Minneapolis: Milkweed Editions.

Kimmerer, Robin Wall (2021): Geflochtenes Süßgras. Die Weisheit der Pflanzen. Aus dem Amerikanischen übersetzt von Elsbeth Ranke unter Mitarbeit von Wolfram Ströle und Friedrich Pflüger. Berlin: Aufbau.

Krause, Frank (2023): Geruch und Glaube in der Literatur. Selbst und Natur in deutschsprachigen Texten von Brockes bis Handke. Berlin/Boston: de Gruyter/düsseldorf university press.

Largey, Gale/Watson, Rod: The Sociology of Odour. In: Drobnick, Jim (Hg.) (2006): The Smell Culture Reader. Oxford/New York: Routledge, S. 29–40.

Le Guérer, Annik (1992): Die Macht der Gerüche. Eine Philosophie der Nase. Aus dem Französischen von Wolfgang Krege. Stuttgart: Klett-Cotta.

Manalansan, Martin Fajardo (2006): Immigrant Lives and the Politics of Olfaction in the Global City. In: Drobnick, Jim (Hg.): The Smell Culture Reader. Oxford/New York: Routledge, S. 41–52.

Mavor, Carol (2006): *Odor di Femina:* Though You May Not See Her, You Can Certainly Smell Her. In: Drobnick, Jim (Hg.): The Smell Culture Reader. Oxford/New York: Routledge, S. 277–288.

Maxwell, Catherine (2017): Scents and Sensibility. Perfume in Victorian Literary Culture. Oxford: Oxford University Press.

Menninghaus, Winfried (2002): Ekel. Theorie und Geschichte einer starken Empfindung. Frankfurt/M.: Suhrkamp.

Moltke, Johannes von (2022): The Metapolitics of Identity. Identitarianism and its Critics. In: German Studies Review, Jg. 45/H. 1, S. 151–166.

Navratil, Michael (2023): Literatur als Form von Identitätspolitik? Fakten, Fiktionen und Identitätskonstruktionen in Mithu Sanyals Roman *Identitti.* In: Zeitschrift für interkulturelle Germanistik, Bd. 14/H. 1, S. 121–140.

Ohloff, Günther (2004): Düfte. Signale der Gefühlswelt. Zürich: Verlag Helvetica Chimica Acta.

Pistrol, Florian (2016): Vulnerabilität. Erläuterungen zu einem Schlüsselbegriff im Denken Judith Butlers. In: Zeitschrift für Praktische Philosophie 3/1, S. 233–272.

Raab, Jürgen (2001): Soziologie des Geruchs. Über die soziale Konstruktion olfaktorischer Wahrnehmung. Konstanz: UVK.

Reckwitz, Andreas (2018): Die Gesellschaft der Singularitäten. Zum Strukturwandel der Moderne. Bonn: Sonderausgabe für die Bundeszentrale für politische Bildung.

Rieger-Ladich, Markus (2023): Charismati Saraswati. Von Studierenden und Lehrenden in Zeiten der Identitätspolitik. In: Kuhlmann, Nele/ Rose, Nadine/ Hilbrich, Ole·et al. (Hgg.): *Sozialtheoretische Erziehungswissenschaft. Konturen eines Theorie- und Forschungsprogramms.* Wiesbaden: Springer, S. 313–333.

Rindisbacher, Hans (1992): The Smell of Books: A Cultural-Historical Study of Olfactory Perception in Literature. Ann Arbor: University of Michigan Press.

Rindisbacher, Hans (2015): What's this Smell? Shifting Worlds of Olfactory Perception. In: KulturPoetik, Bd. 15/H. 1, S. 70–104.

Sanyal, Mithu (2021): Über *Identitti.* Buchreport: https://www.buchreport.de/news/mithu-sanyal-ueber-identitti/ 20.11.2023 (letzter Zugriff).

Schneider, Jens Ole (2021): Pop und Identität bei Mithu Sanyal und Sophie Passmann. In: Pop-Zeitschrift: https://pop-zeitschrift.de/2021/11/08/pop-und-identitaet-bei-mithu-sanyal-und-sophie-passmannautorvon-jens-ole-schneider-autordatum8–11–2021/ 08.11.2021 (letzter Zugriff).

Steinmayr, Markus (2022): Identität, Intersektion, Intervention. Mithu Sanyals *Identitti* und Jasmina Kuhnkes *Schwarzes Herz.* In: Weimarer Beiträge, Jg. 68/H. 2, S. 217–239.

Weitere Literatur

Nüchtern, Klaus: »Vehemenz ist ein Privileg der Jugend«. Falter.at: https://www.falter.at/zeitung/20211222/vehemenz-ist-ein-privileg-der-jugend 20.11.2023 (letzter Zugriff).

Schandor, Werner (2021): Im falschen Proseminar. In: Wiener Zeitung, 22.02.2021.

Teutsch, Katharina (2021): Hautfarbe? Die kann sie ändern. FAZ.net: https://www.faz.net/aktuell/feuilleton/buecher/rezensionen/belletristik/mithu-sanyals-roman-identitti-ueber-identitaetskaempfe-17273032.html 23.11.2023 (letzter Zugriff).

Gala Rebane

Rezension zu: Eva Kimminich (2023): Symbolische (Ver)Formungen. Einführung in die kultursemiotische Betrachtung gesellschaftlicher Wirklichkeitsgestaltung

Baden-Baden: Ergon, 385 S. ISBN 978-3-95650-939-1 (Print), 978-3-95650-940-7 (ePDF)

Entstehungshintergrund und Thema

Das Lehrbuch der renommierten Romanistin und Kulturwissenschaftlerin sowie Gründerin des Potsdamer Zentrums für Kultursemiotik Eva Kimminich bildet den Auftakt der Schriftenreihe *Zeichen der Zeit* der Nomos Verlagsgruppe und ist die erste deutschsprachige kultursemiotische Einführung, die aber auch international wenige Rivalen hat. Die meisten Buchpublikationen auf diesem Feld sind entweder stärker zeichentheoretisch als kulturwissenschaftlich geprägt oder, im Fall einzelner Erscheinungen in kultursemiotischen Schriftenreihen, eng auf ein Teilgebiet (oder auch ein konkretes Phänomen) spezialisiert und eignen sich deshalb weniger für den Einstieg ins gesamte Fach und/oder den Einsatz im kulturwissenschaftlichen Studium. Am ehesten kommen deutschsprachige Studierende mit Kultursemiotik durch Roland Posners gleichnamiges Kapitel in der von Ansgar und Vera Nünning herausgegebenen *Einführung in die Kulturwissenschaften* explizit in Berührung, das allerdings dem Erscheinungskontext entsprechend einen stark verdichteten und theoretischen Einblick gewährt.[1] Die einzigen zwei vergleichbaren, dezidiert kultursemiotischen Werke mit einführendem Charakter, Arthur Asa Bergers *Signs in Contemporary Culture* (1984)[2] sowie Marcel Danesi und Paul Perrons *Analyzing Cultures* (1999)[3], sind v.a. mit Blick

---

1 Posner, Roland (2008): Kultursemiotik. In: Nünning, Ansgar & Vera (Hgg.): *Einführung in die Kulturwissenschaften. Theoretische Grundlagen – Ansäze – Perspektiven*. Stuttgart und Weimar: J. B. Metzler, S. 39–72.

2 Bergers, Arthur Asa (1984): *Signs in Contemporary Culture. An Introduction to Semiotics*. Salem: Sheffield Publishing Company.

3 Danesi, Marcel/ Perron, Paul (1999): *Analyzing Cultures*. Bloomington: Indiana University Press.

auf die angeführten popkulturellen Phänomene wiederum inzwischen überholt und beziehen sich darüber hinaus zentral auf nordamerikanische soziokulturelle Kontexte.

Wie es der Titel prägnant formuliert, nimmt die umfangreiche Abhandlung den Selbst- und Weltbezug ›symbolisch (ver)formender‹ Wissensfiguren im kapitalistischen, christlich geprägten Westen kritisch in den Blick und zeichnet den soziokulturellen und gesellschaftlichen Wandel sowie die damit einhergehende *conditio humana* in diachroner Perspektive nach. Die dezidiert kultursemiotische Perspektive verleiht dem mäandernden, inhaltlich in eine beachtliche Breite gehenden Fluss des Erzählens einen roten Faden, der immer wieder aufgegriffen wird und dem man trotz der vielen thematischen Abstecher von Anfang bis Ende mühelos folgen kann. Auch ist das Werk in einer lebendigen, beinah literarisch anmutenden Sprache verfasst und mit mannigfaltigen einschlägigen Beispielanalysen angereichert.

Was das Lehrbuch in einer besonderen Weise praxistauglich macht, ist seine hypertextuelle Gestaltung. Die Verfasserin trägt nicht nur große Sorge dafür, den Text durchgehend mit Querverweisen auf weitere relevante Kapitel zu versehen, sondern das Buch enthält auch zahlreiche, mittels QR-Codes und Kurzlinks integrierte Videos, Filmdokumentationen und Podcasts, die von Studierenden des Potsdamer Masterstudiengangs »Angewandte Kulturwissenschaft und Kultursemiotik« im Rahmen der Seminar- und Abschlussarbeiten angefertigt wurden (vgl. S. 6f.). Zum einen stellen diese multimedialen Zusatzmaterialien ausgewählte theoretische Inhalte aufgrund ihrer Genese auch für Peers einleuchtend vor – wie beispielsweise das Zeichentrickfilmchen zur Prägnanzbildung nach Ernst Cassirer (S. 47). Zum anderen gehen sie auf bestimmte Themen vertiefend ein: so zum Beispiel das Video zu Schönheitsfiltern (S. 26), das dieses alltägliche Phänomen der »digitalen Maskerade« kulturtheoretisch einordnet und diskutiert. Stellt dies für die studentische Leserschaft eine willkommene Abwechslung bei der Lektüre sowie eine Zusatzhilfe bei der Auseinandersetzung mit komplexen wissenschaftlichen Ansätzen dar, können Lehrende das Material im eigenen Unterricht wiederum fruchtbar machen und sich von dem dahinterstehenden innovativen Lehr-, Lern- und Prüfungskonzept inspirieren lassen.

Das Buch ist in drei große Abschnitte A bis C gegliedert, die ihrerseits in weitere Unterkapitel eingeteilt sind. Während die Überschriften der Abschnitte (z.B. B: »Symbolische Formen – Werkzeuge der Wirklichkeitsgestaltung«) und der Hauptkapitel (z.B. A 3.3.: »Stadt: Verkörperung und Sinnbild kulturellen Fortschritts«) eine unmittelbare inhaltliche Orientierung über die jeweils behandelten Themenkomplexe bieten, lässt die Verfasserin bei kleineren Unterkapiteln dagegen ihrem sprachlichen Einfallsreichtum häufig freien Lauf. Die witzigen und griffigen Titel – »Süße und Sünde – Handel und Süchte« (A 4.4.2), »›Irrlichter‹ oder ›Geistesblitze‹« (B 2.2.2) oder »Sakrale Selbstermächtigung und Rapokalypse« (B 2.3.2) – wecken Neugier und machen Lust auf die Lektüre.

Der Abschnitt A ist den Grundlagen der Kultursemiotik und semiotischer Kulturanalyse gewidmet. Nach einem konzisen Umriss unterschiedlicher Verwendungen des Kulturbegriffs wird der gewählte, u.a. von Geert Hofstede geprägte, Leitansatz näher vorgestellt, der Kultur als ›Programm‹ bzw. ›mentale Software‹ beschreibt (vgl. A 1: »Kultur«). Auf den ersten Blick mag diese Wahl etwas überraschen, denn speziell das Hofstede'sche Kulturmodell steht bei etlichen Kulturforschenden aufgrund seiner oft bemängelten verkürzten Betrachtungsweise, die der Komplexität soziokultureller Dynamiken binnen einzelner Gesellschaften wenig Rechnung trage, in Kritik. Doch es ist nicht Hofstedes Theorie per se, sondern vor allem das von ihm bemühte Sinnbild von Kultur als eine Art geistiger Programmierung, das die Verfasserin für die Einführung in die Zielsetzungen semiotischer Kulturanalyse aufgreift und einprägsam operationalisiert. Tatsächlich verwendet Kimminich diese Metapher nicht als eine durchgehende und grundlegende Argumentationsleitlinie, sondern – so scheint es – um Studierende und andere Leser*innen mit einem griffigen Bild dafür zu sensibilisieren, dass ›Kultur‹ eben nicht ›Bräuche und Rituale‹ oder ›Ballett und Kunst‹, sondern eine unser Dasein in der Welt auf allen Ebenen beeinflussende Wirkungskraft ist, – und dass Metaphern leicht zu einem Manipulationsinstrument werden können, schildert sie auch differenziert in ihren weiteren Ausführungen.

Der im zweiten Kapitel unternommenen näheren Vorstellung der Kultursemiotik als Forschungsdisziplin und -paradigma folgt eine Einführung in die zentralen Konzepte und Ordnungseinheiten der semiotischen Kulturanalyse (A 3). Neben den erwartbaren kulturwissenschaftlichen Kernkonzepten wie z.B. Zeit, Raum, Identität oder auch Stereotype werden hier auch Stadt und Familie als zwei wichtige Formen sozialer Organisation sowie Technik und Fortschritt(sideologie) besprochen. Das abschließende Kapitel A 4, »Der Körper, seine Optimierung und Überwindung«, beinhaltet eine ausführliche, facettenreiche Diskussion der Sinneswahrnehmung und ihrer Auswirkungen auf die historischen und zeitgenössischen (Alltags-)Kulturen. Dies stellt ein besonderes inhaltliches Highlight des Buches dar, denn dieser äußerst wichtige, gar zentrale Aspekt des menschlichen Daseins wird in anderen kulturwissenschaftlichen Einführungen selten in dieser Tiefe behandelt. Hier kann Kimminich auf ihre vorangegangene Beschäftigung mit Perzeption, genauer: der Kulturgeschichte der Synästhesie, zurückgreifen, die für das Buchprojekt laut Vorwort (S. 5) sogar impulsgebend gewesen sei.

Abschnitt B – »Symbolische Formen – Werkzeuge der Wirklichkeitsgestaltung« – befasst sich wiederum mit Zeichensystemen und sprachbasierten Instrumenten des Selbst- und Weltbezugs. Nach der im ersten Kapitel des Abschnitts unternommenen Einführung in die Zeichentheorie, die sich u.a. auf die realitätsschöpfende Funktion von (Sprach-)Zeichen als »Brücken zwischen Vor- und Darstellungswelten« (S. 212) fokussiert, folgt eine detailreiche, spannende Diskussion von Sprachbildern als »kognitive[n] Konzept[en] für die Wirklichkeitswahrnehmung und -gestaltung« (S. 213).

Insofern als Metaphern in ihrer Scharnierfunktion zwischen leiblicher Perzeption und geistiger Auffassung sinnstiftend, bedeutungsstrukturierend und handlungsleitend sind, seien sie auch »grundlegend für die Erzeugung von Kultur« (ebd.).

Die Verfasserin zeichnet unterschiedliche theoretische Positionen zur Sprachkunst und Bildsprache im historischen Verlauf nach und geht auf ihre für die Gesamtdiskussion besonders relevanten Vorreiter und Vertreter von Metapherntheorien (u.a. Platon, Aristoteles, Vico, Hobbes, Nietzsche; im 20. Jh. Cassirer, Blumenberg, Black, Weinrich, Lakoff und Johnson) jeweils kurz ein. Auch hier knüpft Kimminich immer wieder an die bereits eingeführten Themen an, deren kulturgeschichtliche Relevanz und Virulenz sodann in einem neuen Zusammenhang aufgezeigt werden.

So wird im Kapitel B 2.3. die Metaphorik des menschlichen Körpers ausführlicher besprochen. Insofern als die anatomische Beschaffenheit und Sinnesorgane des Menschen sowohl seine primären Orientierungsinstrumente in der Welt als auch das zentrale Werkzeug der Weltwahrnehmung und -erkundung sind, stelle der Körper eine ausschlaggebende »Grundlage für die Bildung gesellschaftsrelevanter Konzepte« dar (S. 230). Anhand zahlreicher einschlägiger Beispiele beleuchtet die Verfasserin das wechselseitige Verhältnis zwischen technischem Fortschritt, dem sich verändernden Welt- und Naturverständnis und dem Wandel der jeweiligen Menschenbilder, die stets mit weiteren Denkfiguren in Verbindung gesetzt und entsprechend neu konzipiert werden. Es geht dabei nicht nur um verschiedene Vorstellungen über den Menschen(-Körper) selbst – z.B. als ›Buch‹, als ›(Lust)Maschine‹ oder sogar ›Industriepalast‹, neuerdings als ›vernetzter Cyborg‹ –, sondern auch um die Bezugnahme auf die Körpermetaphorik beim Denken gesellschaftlich relevanter Phänomene. U.a. analysiert und diskutiert die Verfasserin die Anthropomorphisierung von Gebäuden und Städten, die ihre Ursprünge in der Literatur und Philosophie der Antike hatte und in der Architektur der Renaissance ihre Blütezeit erfuhr (vgl. B 2.3.7), oder auch die Übertragung von Körpermetaphorik auf Staaten, Nationen und Völker (vgl. B 2.5), die im Nationalsozialismus »eine todbringende Kraft« entwickelte (S. 271).

Das letzte Kapitel des Abschnitts (B 3) behandelt schließlich eine weitere zentrale, ja sogar die »Urform aller symbolischen Formen« (S. 274): den Mythos. Einem konzisen Exkurs über die Begriffsgrundlagen und die ›Kulturgeschichte‹ des Mythos in den westlichen Wissenschaften und epistemologischen Diskursen folgt eine mit vielen zeitgenössischen Beispielanalysen angereicherte Besprechung der Mythen *sensu* Barthes, die ihre Operationalisierung in Werbung sowie die Komplizenschaft der Wissenschaften, v.a. des Neuromarketings, kritisch offenlegt (vgl. B 3.6). In diesem Zusammenhang diskutiert die Verfasserin auch die klassischen Zeitdiagnosen des gesellschaftlichen Lebens in der ins Unermessliche beschleunigten, sich stets weiter technisierenden und virtualisierenden, von Bildern überfluteten und von Erlebnis und Konsum zehrenden (Hyper-)Moderne.

Die kapitalismuskritische Perspektive auf die moderne Kultur und die Gesellschaft des Westens formt den ideellen Kern des Abschlussabschnitts C. Dieser beschäftigt sich allerdings weniger mit kulturskeptischen und apokalyptischen Pro- und Diagnosen als mit der Frage danach, auf welche Weise kultureller Widerstand und (positiver) gesellschaftlicher Wandel stattfinden (können); in den eigenen Worten der Verfasserin: »welche Spielräume in der mentalen Software der Semiosphäre für Veränderungen zur Verfügung stehen« (S. 315). Der treffliche Abschnittstitel – »Reprogramming culture« – bleibt dem auf Hofstede zurückgehenden, den theoretischen Prämissen der Abhandlung zugrunde gelegten Sinnbild von Kultur als »software of the mind« weiterhin treu. Allerdings wird nun die häufig bemängelte Starre des Hofstede'schen Ansatzes in aller Konsequenz gelockert und aufgelöst: »Die Schaltkreise dieser kulturellen Software bestehen im Zusammenspiel ihrer symbolischen Formen, ihrer Konzepte und ihrer Kategorien-Sets. Keines ihrer Konzepte ist essentiell und keine ihrer Ziel- und Wertsetzungen ist unumkehrbar« (ebd.).

In diesem Sinne widmet sich das erste Kapitel dieses Abschnitts (C 1: »Theoriedesign revisited«) den Mechanismen kultureller Reprogrammierungsprozesse, den Orten und Akteuren ihres Vollzugs sowie auch ihren Potentialen und Gefahren. Um den eventuellen Verlauf derartiger peripherer Dynamiken und deren mögliche Konsequenzen zu veranschaulichen, beschreibt und bespricht die Verfasserin in je einem separaten Unterkapitel des Kapitels C 2 (»Analysen«) verschiedenartige exemplarische ›Recodierungseingriffe‹ in die etablierte lebensweltliche Textualität.

Die erste Beispielanalyse (C 2.1.1) befasst sich mit Dynamiken popkultureller Geschichtsrezeption und -vermittlung. Dabei wird speziell auf das sog. Histotainment und Historyhacking als auf individuelles Einfühlvermögen sowie die leiblich-sinnliche Wahrnehmung abzielende Reinszenierung historischer Erzählungen eingegangen. Trotz der bisweilen fraglichen historischen Faktentreue dieser und ähnlicher Formate erlauben sie auch eine kritische Hinterfragung etablierter Geschichtsnarrative durch ironisches Recycling ihrer Elemente und Strukturen und vermögen darüber hinaus mindestens den Eindruck einer Teilnahme an der (Re)Konstruktion kollektiver Vergangenheit zu wecken (vgl. S. 335).

Die zweite Beispielanalyse (C 2.2.) fokussiert sich wiederum auf den kreativen Widerstand im städtischen Raum, der sich gegen die Ordnungs- und Regelstrukturen des vorherrschenden Systems richtet und u.a. guerillaartige Eingriffe in die das öffentliche Leben regulierenden Zeichensysteme wie beispielsweise Verbotsschilder durchführt (C 2.2.2), Manipulierung am urbanen ›Mobiliar‹ vornimmt (C 2.2.3) oder sich auch durch verschiedenartige situativ erzeugte Irritationen der gewöhnten Verkehrs- und Bewegungsroutinen der Städter wie in etwa Parkour oder Flashmobs aktiv behauptet (C 2.2.4, C 2.2.5).

In der dritten Analyse geht es um kritische Auseinandersetzung mit den vorherrschenden, Lebenswelten prägenden und häufig in der kollektiven Vergangenheit inklusive kolonialer Geschichte wurzelnden Stereotypen und Sinnbildern im Rap (C 2.3.1-C 2.3.4), ferner auch um Selbstermächtigung in solchen Tanz- und Bewegungsstilen wie Breakdance, Popping und Locking (C 2.3.5). Hier wird der Fokus wieder dezidiert auf die Zentralität des leiblichen Selbst- und Welterlebnisses beim menschlichen In-der-Welt-Sein gerichtet. Die singenden, tanzenden, kämpfenden Körper der Rapper*innen und Breakdancer*innen brechen »aus den gesellschaftlich oder gemeinschaftlich vorgegebenden [sic] Bewegungsmustern heraus und erweitern auf diesem Wege ihren persönlichen, aber auch den kollektiven Bewegungs(spiel)raum« (S. 368).

Das vierte und letzte Analysekapitel (C 2.4) behandelt wiederum die Konstruktion ›alternativer Wirklichkeiten‹ in sozialen Medien und fokussiert auf die Verbreitung von Fake News und verschwörungstheoretisch untermauerten Ideologien. Diese, nicht zuletzt aufgrund der stetig wachsenden technischen Möglichkeiten zur Erstellung von Deep Fakes und anderen realitätsfälschenden Formaten immer brisanter werdende Thematik wird anhand vieler tagesaktueller Beispiele beleuchtet, wobei auch die dahinterstehenden Mechanismen und Strategien u.a. medienpsychologisch erklärt werden. Aus einer kultursemiotischen Perspektive lasse sich die festgestellte Entwicklung zu World Faking als »semiosphärische Turbulenz« umschreiben, bei der ein bisher marginales Wirklichkeitsdeutungsgebilde ins Zentrum rückt (S. 384). Zwar räumt die Verfasserin ein, dass man dabei grundsätzlich mit dem Phänomen der gegen autokratische Medien und ihre Realitätskonstruktionen gerichteten Kommunikationsguerilla im Sinne Ecos zu tun hat, – die freilich ein emanzipatorisches Potential besitzt. Allerdings suggerieren alle diskutierten Beispiele (von denen viele auch aus dem deutschen Raum stammen) ebenso eindrücklich wie einseitig, dass der subversive Widerstand gegen die Berichterstattungen in Mainstream-Medien von Rechtsextremen, bestenfalls von Rechtspopulisten geleistet würde. Gegenbeispiele, z.B. zu den WikiLeaks-Enthüllungen, würden an dieser Stelle für eine ausgewogenere Darstellung von Potentialen und Risiken der Informationsverbreitung in den neuen Medien sorgen. Insbesondere bei der Diskussion alternativer deutscher Medienkanäle und Foren verletzt die Besorgnis der Verfasserin über die aktuelle parteipolitische Situation hierzulande – so sympathisch ihre Ansichten vielen Leser*innen auch sein mögen – jedoch das Neutralitätsgebot eines Lehrbuchs. Die politisierende Tendenz zeigt sich im Übrigen auch in einigen früheren Teilen der Abhandlung, wo die Deutung der Fallbeispiele einer linksliberalen Morallehre nahekommt.

Auf der formalen Ebene ist das Fehlen eines Sach-, ggf. auch Personenregisters, die die Funktionalität des Buches als Nachschlagewerk etwas mindert, als Manko anzuführen. Eine weitere formale Schwäche des Buchs bilden die auffällig vielen Flüchtigkeitsfehler, u.a. in Namen und Titeln: z.B. »Louis [statt Lewis] Mumford« (S. 78), »Guy Faukes [statt Fawkes]« (S. 98) oder »*Solyant* [statt *Soylent*] *Green*« (S. 100). Während die meisten davon Tippfehler sind, die womöglich auf die frankophone Expertise der Autorin schließen lassen und die Inhalte nicht tangieren, könnten einige –

wie beispielsweise »Orson [statt Herbert G.] Wells« (S. 99) – dagegen doch für etwas größere Verwirrung sorgen.

Von diesen Punkten abgesehen stellt das Buch summa summarum ein umfassendes, tiefgründiges und facettenreiches Einführungswerk für (angewandte) Kulturwissenschaften und speziell Kultursemiotik dar, das sich sowohl in seiner Gänze genießen als auch nur zu konkret interessierenden Themen konsultieren und im Studium sowie Unterricht gewinnbringend verwenden lässt.

Georg Toepfer

Rezension zu: Hetzel, Andreas (2024): Vielfalt achten. Eine Ethik der Biodiversität

Bielefeld: transcript. ISBN: 978-3-8376-2985-9 (Print), 978-3-8394-2985-3 (ePDF)

Die Entwicklung einer Ethik der Achtung biologischer Vielfalt ist das erklärte Ziel von Andreas Hetzels Buch. Es präsentiert dafür manches Argument und zahlreiche theoretische Erörterungen, vertraut daneben und vor allem aber auf Erfahrung und Intuition zur Fundierung der angestrebten Ethik. Seiner Grundausrichtung nach bewegt sich das Werk in den Bahnen klassischer (besonders US-amerikanischer) Umweltethik und argumentiert dabei in erster Linie ausgehend vom ethischen Wert einzelner Lebewesen oder Ökosysteme – ob und wie die Vielfalt des Lebendigen selbst zu einer Quelle der Normativität werden könnte, wird dagegen nur angedeutet.

Am Anfang von Hetzels Ethik der Biodiversität steht die Feststellung, dass die Vielfalt des Lebens »eines der erstaunlichsten seiner Merkmale« (9) ist. Unmittelbar verbunden wird damit ein »moralisches Gefühl der Achtung« (21) von Vielfalt, das mit dem wesentlichen Argument der »moralischen Signifikanz ökologischen Nichtwissens« (20) sowie dem »intrinsischen Wert« von Vielfalt (26) begründet wird. Hetzel führt hier explizit die Kategorie des Nichtwissens ein, um die Begrenzung des Wissens und Wissbaren zu reflektieren. An die Stelle des Wissens rückt bei Hetzel eine Praxisorientierung in vielen Kontexten, »Erfahrungen mit einer biodiversen Natur« (25), die in vielfältigen Mensch-Natur-Interaktionen gewonnen werden. Die Vielfalt des Lebens – und deren praktische Erfahrung – wird damit nicht nur zu einem Anwendungsfall oder Gegenstand von Ethik, sondern selbst zu einer ihrer Quellen, »ihre zentrale normative Ressource« (26).

Dieser Erfahrungsbasiertheit entsprechend ist das erste Kapitel des Buches einem konkreten Beispiel gewidmet: »Käfern an Flussufern«, die der Autor durch viele Reisen mit befreundeten Entomolog:innen kennt und von denen er biologisch einiges zu berichten weiß – vor allem ihren unwiederbringlichen Verlust, »unterhalb von Wahrnehmungsschwellen« (39), weil kaum jemand die Vielfalt dieser Lebewesen erfahren hat. Mit den Lebewesen gehe auch ein »Erfahrungsraum« und eine »Erfahrungsfähigkeit« verloren (41), von der allerdings offen bleibt, worin sie genau besteht und was ihre Besonderheit ausmacht. Hetzel verortet den Wert der Vielfalt in erster Linie in einem noch weitgehend unerschlossenen Möglichkeitsraum: Mit dem Aussterben von Arten würden sich Möglichkeitsfenster schließen und Entwicklungspfade versperren (66) (für die Natur und für uns). Die Vielfalt der Waren, die in unserer

Kultur an die Stelle der genuinen natürlichen Diversität getreten sei, beurteilt der Verfasser als »Simulationen« und »Surrogate« (67). Dass über sie sozial und ökonomisch stabilisierte »toxische« Lebensformen (47) entstehen konnten, interpretiert er als Ausdruck einer »kollektiven Suchtkarriere« (356).

In den folgenden Kapiteln entfaltet sich eine breit angelegte Erörterung, die viele der klassischen Themen der Umweltethik aufgreift und diese kundig diskutiert. Das thematische Spektrum reicht von den Debatten um das Anthropozän (Kapitel 2), dem »Land« als biotische Gemeinschaft (Kapitel 5), Naturbegriffen und Naturverhältnissen (Kapitel 6), Tierrechtsdebatten (Kapitel 7), Fragen der Anthropozentrik und intrinsischer Werte des Nichtmenschlichen (Kapitel 8–9) bis hin zum Status des Nichtwissens (Kapitel 10), der Rolle der Evolution (Kapitel 11), einer Ethik der Achtung (Kapitel 13) und der Bedeutung konvivialer Lebensformen (Kapitel 14). Die Kapitel haben eine angenehme Länge, sind klar strukturiert und lesen sich flüssig. In das Denken und den lebensgeschichtlichen Hintergrund vieler Protagonisten der Umweltethik führt Hetzel gut informiert und sensibel ein. Es ist ein breites Spektrum an abendländischen Autoren verschiedenster theoretischer Provenienz, die Hetzel heranzieht, neben philosophischen Klassikern wie Platon, Aristoteles, Descartes und Kant die Größen der US-amerikanischen Umweltethik, deren Positionen er pointiert und fair zusammenfasst (etwa die von Leopold, Callicott, Rolston, Norton, Taylor und Maier).

Aufgrund des Bezugs zur ganzen Breite des abendländischen Denkens verläuft die Argumentation insgesamt mit großen zeitlichen Sprüngen, wahrt aber doch den sachlichen Zusammenhang und die argumentative Geschlossenheit. Auf Hetzels langem Weg liegen unter anderem diese Stationen: Mit Carl von Linné besichtigt er die irdische Hölle der vom Menschen zerstörten Landschaften (51); Jean-Jacques Rousseau und Immanuel Kant folgt er in der Einschätzung, dass die Vielfalt ein besonders ästhetisch zu befriedigendes menschliches Grundbedürfnis sei (107); mit Karl Marx beklagt er die Herabwürdigung der Natur als bloßen Geldwert und Ressource (60); mit Montaigne und Herder gewinnt er aus unserem Nichtwissen ein ethisches Argument für den Einschluss der Tiere in die moralische Gemeinschaft (183), mit Karl Jaspers bezweifelt er aufgrund der von allem Lebenden geteilten Vulnerabilität die Sonderstellung des Menschen (55); mit Günther Anders diagnostiziert er unsere »Apokalypseblindheit« angesichts nicht nur der atomaren Bedrohung, sondern auch der Biodiversitätskrise (66); Holmes Rolston und Gary Snyder stimmt er zu, dass die mangelnde Bindung zu konkreten Orten (»land«) der wesentliche Grund für die Biodiversitätsvergessenheit der Moderne sei (114); mit Aldo Leopold will er über eine Ethik des Landes, zu der nichtmenschliche Lebewesen und Landschaftselemente gehören, die Grenzen der Gemeinschaft zu einem großen Verflechtungszusammenhang erweitern (127); mit Thomas Potthast analysiert er Biodiversität als einen »epistemisch-moralischen Hybridbegriff«, der normative Implikationen trägt (105); und mit Donna Haraway plädiert er schließlich dafür, eine normative Gleichheit alles Lebens, des nicht-menschlichen ebenso wie des menschlichen, zu pflegen und erfahrbar zu machen: »in Gärten, auf Feldern, auf Wiesen und in Wäldern, an Flussufern und auf den Brachen am Rande der Städte« (353).

Über weite Strecken seines Buches folgt Hetzel dem klassischen Credo der Umweltethik (bevor sie die Diversität für sich entdeckte), »dass wir uns als Menschheit unserer gemeinsamen Abhängigkeit von nichtmenschlichem Leben bewusst werden« (55). Die Entwicklung einer ökologischen Ethik sei notwendig, damit der Mensch nicht seine eigene Lebensgrundlage zerstöre. Dafür müsse das Land wieder in eine Gemeinschaft verwandelt werden, mit dem Menschen nicht als deren Besitzer, sondern guten »Hausverwalter« (136–7). Eine Stütze für dieses ökologische Verflechtungsargument gewinnt Hetzel aus einer Reflexion auf den altgriechischen Natur- und Substanzbegriff. Im Anschluss an Aristoteles versteht der Autor Sein als »Verbunden-Sein« (Metaphysik IX, 1051b) und Natur als Prozess, von dem der Mensch ein Teil sei. Weil Biodiversität der Inbegriff der sich selbst differenzierenden Natur sei, müsse diese wesentlich von der Biodiversität her gedacht werden. Hetzel sieht die Natur als »einen sich immer weiter ausdifferenzierenden Prozess des Miteinander-in-Beziehung-Tretens dessen, was sich differenziert« (167). Indem der Verfasser seine Ethik aus diesem ökologischen Miteinander entwickelt, in dem der Mensch »nicht herausgehoben« und nur »ein Moment innerhalb eines größeren Wirkungszusammenhangs« (166) ist, droht er die Kategorie des Menschen als einer Verantwortungsgemeinschaft, an die allein normativ appelliert werden kann, allerdings zu verlieren. Dieser Verlust wiegt für Hetzel andererseits nicht schwer, will er doch seine Ethik ohne Konstruktion eines Außen aus der Mitte alles Lebendigen entwickeln.

An entscheidenden Stellen finden sich allerdings einige Ungereimtheiten in der Argumentation Hetzels. So tendiert er dazu, die ökologisch-evolutionäre Verbundenheit alles Lebendigen mit einer ethischen Gemeinschaft zu konfundieren; biologische Überlebenswerte, wie das Gute eines Insektenflügels, werden mit dem Wert- und Würdevollen im Allgemeinen kurzgeschossen (221). Biodiversität wird außerdem einerseits nicht nur als (wissenschaftlich) konstruiertes Abstraktum, sondern konkrete Realität beschrieben, sie sei »ontologisch gesehen genauso real wie Arten oder individuelle Organismen« (91). Andererseits mahnt Hetzel angesichts der Einheitssuggestion des Wortes zur »nominalistischen Vorsicht« und bestimmt sie im Anschluss daran, fern von jedem ontologischen Realismus, als »Inbegriff unseres […] Nichtwissens und Nichtwissenkönnens« (92). Begleitet, wenn nicht getragen, ist das Konzept der Vielfalt bei Hetzel von dieser Ambivalenz zwischen konkreter Erfahrbarkeit und abstrakter Konstruktion von etwas, das nicht ganz gewusst werden kann und gerade deshalb eine ethische Bedeutung hat. Es hätte der Argumentation des Buches gut getan, wenn der Autor dieser Ambivalenz etwas weiter nachgegangen wäre.

Die entscheidende Kategorie für Hetzels Ethik der Achtung ist allerdings weniger die Vielfalt des Lebendigen als die Lebendigkeit selbst; aus der Biodiversität bezieht der

Verfasser nur wenige seiner Argumente. Das Besondere einer Begründung aus der Vielfalt gelingt Hetzel auch deshalb nicht, weil er die Vielfalt mit dem Leben identifiziert: Biodiversität sei einfach nur ein anderer Name für das Leben selbst, wie er an einer Stelle schreibt (190). Die von Hetzel begründete Ethik gehe von einem »Lebenswissen« aus, »von einem im geteilten Leben verkörperten Wissen um Abhängigkeiten, Bezüglichkeiten und Verletzlichkeiten« (192). Vielfalt ist für Hetzel insofern weniger selbst ein Wert, als ein Weg, die Anthropozentrik zu überwinden und ein Sensorium für die Andersartigkeit und Gleichrangigkeit alles Lebendigen zu entwickeln — sei es für nur eine oder eine Milliarde anderer Spezies. Hetzel argumentiert also nicht ausgehend von einer Theorie oder der Kulturgeschichte der Vielfalt, sondern auf der Basis einer Ethik des Lebendigen aus Anlass des Biodiversitätsverlustes.

Die überaus reichen kulturellen Traditionen der Darstellung von lebendiger Vielfalt, die für deren Wertschätzung und damit vielleicht auch für ihren »intrinsischen Wert« von grundlegender Bedeutung sind, spielen in Hetzels Überlegungen überraschenderweise kaum eine Rolle. Antike Fresken der Fülle, christliche Imaginationen des Paradieses, frühneuzeitliche Streumusterbilder, die den Reichtum der Formen naturalistisch-präzise zu erschließen begannen, oder die Sammel- und Ausstellungspraktiken von Naturalien aller Zeiten könnten ein reiches Anschauungs- und Begründungsmaterial für eine »Ethik der Biodiversität« liefern — das aber erst noch aufzubereiten und in seinem jeweiligen ethischen Wert zu befragen wäre. Fraglos scheint dagegen, dass die vor einigen Jahrzehnten eingesetzte große Konjunktur des Konzepts der Vielfalt in fast allen öffentlichen Debatten der Gegenwart nur vor dem Hintergrund der mächtigen, wenn auch oft verdeckten, kulturellen Traditionen von Vielfaltsdarstellungen und -wertschätzungen erklärlich wird. In engem Zusammenhang steht die Aufmerksamkeit für biologische Vielfalt dabei häufig mit der für soziale Diversität. Besonders in den letzten Jahrzehnten haben sich beide Diskurse eng aneinander orientiert und sich gegenseitig stabilisiert, auch wenn die Parallelführung von kultureller und biologischer Diversität doch mehr Fragen aufwirft als Antworten gibt. Erörterungen über die kulturellen Prozesse der evaluativen Aufladung von biologischer Vielfalt und deren Interaktionen mit sozialer Diversität stellt Hetzel allerdings kaum an. Sein Ziel ist eine philosophische Analyse, keine kulturhistorische.

Auch in Hetzels philosophischer Argumentation bleibt es allerdings etwas unterbelichtet, welches Gewicht der Vielfalt des Organischen selbst zukommt. Sie trägt allenfalls insofern zu Hetzels Argument für den Schutz alles Lebendigen bei, als sie für Verflochtenheit, Nichtwissen und ästhetisch-emotionale Affektion steht. Denn die Argumentation Hetzels basiert wesentlich auf diesen drei Aspekten der biologischen Vielfalt: Wir sind mit ihr ökologisch-existentiell verbunden, wissen nicht viel von den Mechanismen dieser Verflochtenheit, können aufgrund ihrer Komplexität davon auch nicht viel wissen, sind aber doch unmittelbar ästhetisch und emotional affiziert von dem nichtmenschlichen Lebendigen. Diese Affektion und sinnliche »Erfahrbarkeit«

der Vielfalt wiegt für Hetzel mehr als jede theoretische Begründung. Anthropozentrische Ethiken hält er für intellektualistisch und wirkungsschwach im Hinblick auf die Motivation von Handlungen. Zu oft habe sich gezeigt, wie ohnmächtig und impotent ein bloßes Wissen sei (»Ich sehe das Bessere und heiße es gut, dem Schlechteren folge ich«; Ovid: Metamorphosen 7, 20f.). Genuin ethische Erfahrungen würden Wissen daher eher ausklammern, uns unserer Verantwortung innewerden lassen, uns eher passiv als aktiv in die Verantwortung nehmen, uns »entsouveränisieren« (337). Dem Versuch, die Biodiversität als »Ökosystemdienstleistungen« in Wert zu setzen, kann Hetzel daher nicht viel abgewinnen, die Rahmung der Vielfalt in einem ökonomischen Nützlichkeitsparadigma unterlaufe eher ein ethisches Weltverhältnis, als dass es dieses befördere (201). Statt die Schutzwürdigkeit von Biodiversität rational zu begründen, setzt Hetzel darauf sie vorauszusetzen und diese Voraussetzung im Anschluss an verschiedene Positionen − tiefenökologisch mit Arne Næss, umweltpragmatisch mit Bryan Norton oder holistisch mit Aldo Leopold, Baird Callicott, Holmes Rolston oder Martin Gorke − zu plausibilisieren.

Was von anderen als Abstraktheit, Konstruiertheit oder begriffliche Vagheit von Biodiversität kritisiert wird, erklärt Hetzel in seiner von ihm selbst als »nonkognitivistisch« bezeichneten Ethik (232) letztlich zum Fundament seines Arguments. Weil Ethik nicht propositional sei, komme es in ihr wesentlich nicht auf Begriffe und Begründungen an, sondern auf die Bereitstellung von Erfahrungen. Ethik soll auf diese Weise selbst dynamisiert werden, mit Stanley Cavell spricht Hetzel von einer »Moralisierung der Moraltheorie« (256); sofern sie wirkmächtig sein wolle, könne sie nicht in einem propositionalen System bestehen, sondern müsse als kultureller Prozess verstanden werden: »Ein ethischer Diskurs hält Türen geöffnet« (257), Türen, durch die Hetzel die gesamte außermenschliche Lebenswelt in die moralische Gemeinschaft aufnehmen möchte, und zwar vermittelt nicht durch Argumente, sondern durch Sinnlichkeit: »Wir benötigen eher gute Naturfilmer:innen und Erzähler:innen, moderne Maria Sibylle Merians und Jean-Henri Fabres, als ›zwingende‹ Argumente« (314).

Das entscheidende Scharnier, das Überzeugungen handlungswirksam werden lässt, sind für Hetzel also nicht rationale Gründe oder ein Wissen, sondern affektive Einstellungen, genauer: »Achtung«, wie der Titel des Buches andeutet. Achtung wird als nicht rational kontrollierbar, als Widerfahrnis beschrieben, als »Ergebnis eines Bildungsprozesses, einer Kultur des Umgangs mit Andersheit« (321). Achtung gegenüber der Biodiversität stellt sich danach aus einer Summe von Naturerfahrungen ein und kann sich nur in einer naturnahen oder zumindest natursensitiven menschlichen Lebensform entwickeln.

Das große Problem dieser nonkognitivistischen Ethik der Achtung, das kaum angesprochen wird, ist die soziale Implementierung einer solchen Lebensform. In einer sich immer weiter urbanisierenden Bevölkerung schwinden die Naturerfahrungen, sie werden in wachsendem Maße zu einem sozialen Privileg. Angesichts der rasant zunehmenden Naturentfremdung des Menschen – über die auch solche Elitenphänomene wie *Nature Writing* nicht täuschen sollten – kann man im Grunde nur hoffen, dass Hetzel mit seiner engen Verknüpfung von Wertschätzung und Erfahrung nicht recht hat. Große Teile der Biodiversität – ökologisch die entscheidenden – können auch gar nicht unmittelbar erfahren werden, weil sie ohne Instrumente nicht sichtbar sind. In dieser Situation erscheint es nicht ratsam, das Wissen und die Wissenschaften umschiffend auf die unmittelbare Naturerfahrung zu setzen. Darüber hinaus ist es doch fragwürdig, dass die von Hetzel gegen alle rationalistische Tradition behauptete, aber argumentativ nicht sorgfältig ausgearbeitete Verbindung von Naturerfahrung und Moralbegründung – »Mit der Zerstörung der Natur verschließen wir auch die Quellen der Moralität« (344) – richtig ist. Dass alle Erfahrungen in und mit der Natur sich in kulturell geprägten Schemata bewegen und jede Kultur sich in ihrem Bild von der Natur zunächst einmal selbst begegnet, dort also nicht mehr als die Moralität findet, die sie zuvor hineingelegt hat – diesen naheliegenden Einwand diskutiert Hetzel nicht einmal.

Unsere Sorgen um den Biodiversitätsverlust und die anderen großen ökologischen Katastrophen der Gegenwart sind wesentlich durch wissenschaftliches Wissen motiviert und gestützt. Wo sie gut begründet sind, beruhen sie gerade nicht nur auf persönlichen Erfahrungen. Die Normativität im Recht und auch in der Moral sollte daher hinter die Begründungs- und Rechtfertigungskultur der Wissenschaften, für die rationale Argumente zentral sind, nicht zurückfallen. Nicht dagegen, sondern daneben bleibt es Aufgabe der wissenschaftlichen Kultur, für handlungsmotivierende Achtung durch andere Erfahrungsformen als intellektuell-kognitive zu werben, wie es Andreas Hetzel in seinem lehrreichen Buch getan hat.

KULTURWISSENSCHAFTLICHE ZEITSCHRIFT

Herausgegeben von der Kulturwissenschaftlichen Gesellschaft (KWG)

Die *Kulturwissenschaftliche Zeitschrift* versteht sich als ein offenes Forum der kulturwissenschaftlichen Debatte, in dem historische wie gegenwartskulturelle Themen, Theorien und Forschungsansätze aus allen Bereichen und Strömungen der Kulturwissenschaften vorgestellt und verhandelt werden. Neben Tagungsberichten und Rezensionen versammelt die KWZ halbjährlich mehrere durch ein doppeltblindes Peer-Review-Verfahren qualitätsgesicherte Aufsätze in deutscher oder englischer Sprache sowie einen Gastbeitrag zu aktuellen fachbezogenen Trends oder Forschungsgegenständen. Neben den regulären Ausgaben erscheinen pro Jahr 1–2 Schwerpunkthefte, die von Gastherausgeberschaften begleitet werden.

Zur interdisziplinär besetzten Redaktion gehören die Linguistin *Nina Kalwa* (Karlsruher Institut für Technologie), der Literatur- und Medienwissenschaftler *Lars Koch* (TU Dresden), die Amerikanistin und Kulturwissenschaftlerin *Nicole Maruo-Schröder* (Universität Koblenz), der Literaturwissenschaftler *Bernhard Stricker* (TU Dresden), die Amerikanistin *Maria Mothes* (Universität Koblenz) und der Germanist *Hendrik Groß* (TU Dresden).

WISSENSCHAFTLICHER BEIRAT:

Claudia Blümle
Professorin für Geschichte und Theorie der Form am Institut für Kunst- und Bildgeschichte der Humboldt-Universität zu Berlin

Astrid Fellner
Professorin für North American Literary and Cultural Studies an der Universität des Saarlandes

Stephan Moebius
Professor für soziologische Theorie und Ideengeschichte an der Karl-Franzens-Universität Graz

Thomas Stodulka
Juniorprofessor für Sozial- und Kulturanthropologie mit Schwerpunkt Psychologische Anthropologie an der FU Berlin

Tanja Thomas
Professorin für Medienwissenschaft mit dem Schwerpunkt Transformationen der Medienkultur an der Eberhard Karls Universität Tübingen

Niels Werber
Professor für Neuere Deutsche Literaturwissenschaft an der Universität Siegen

Vorschläge für Beitragsmanuskripte werden erbeten an:
manuskripte@kulturwissenschaftlichezeitschrift.de

Vorschläge für Rezensionsmanuskripte werden erbeten an:
rezensionen@kulturwissenschaftlichezeitschrift.de

Bei Fragen wenden Sie sich gerne an die Redaktion unter:
redaktion@kulturwissenschaftlichezeitschrift.de

Felix Meiner Verlag GmbH, Richardstraße 47, D-22081 Hamburg
Tel. +49 (40) 29 87 56-0 · vertrieb@meiner.de · www.meiner.de/kwz